20年ほったらかして1億円の老後資金を作ろう!

Good things come to those who wait.
~Let's build a 100 million yen retirement fund with funds untouched for 20 years.

浅井 隆
+日本インベストメント・リサーチ

第二海援隊

プロローグ

大事なことは、君の頭の中に巣くっている常識という理性を
綺麗さっぱり捨てることだ。
尤もらしい考えの中に新しい問題の解決の糸口はない。
（トーマス・エジソン）

最良の投資法、ここに極まれり

投資ほど難しいものはない。なにしろ、荒れ狂う市場を相手にするからだ。しかし、ここに単純だがそれを解決する方法がある。日々せかせかと市場の動きを見ながら、アッチへ行ったりコッチへ行ったりと右往左往する一般的投資法ではなく、本当に良い投資先を見定めて、それらに分散投資して一〇年ないし二〇年ただひたすら〝ほったらかしにする〟というやり方である。

もちろん、その投資先の現在の状況を時折チェックはすべきだが、それもせいぜい半年に一度でよい。短期的な市場の動きに一喜一憂せず、長期でじっくり値上がりするものに分散投資してゆったり稼ぎ、その果実を一〇年先、二〇年先にもぎとって、誰もがうらやむ老後を送る。まさに、赤ワインを寝かせて熟成させ一番の飲み頃に栓を抜いてグラスに注ぎ、その素晴らしい香りと味を楽しむのに似ている。

実は、毎日あくせく市場の動きとにらめっこするよりも、この方法の方が成績はずっと良いのだ。

だが、そのためには一つだけ条件がある。「よき投資先」をきちんと選び、適切な方法で分散するということだ。なかなか一般の方には難しいかもしれないが、本書をきちっと読めばその道も上手く切り拓くことができるだろう。

昔から「果報は寝て待て!」という諺があるが、本書で紹介するのはまさにそのやり方だ。では具体的に、どういうものにどう分散すればよいのか。楽しみにしつつ最後まで読み切っていただきたい。

二〇二三年二月吉日

浅井　隆

プロローグ

第一章　一〇~二〇年後に豊かな老後生活を

第二章　投資の素人が引っかかる落とし穴

第三章　知られざる海外ファンドのすごみ

第四章　将来は円安でドル建て資産は倍増

第五章　ほったらかし投資で過酷な状況下を生き延びる

エピローグ

※注　本書では一米ドル＝一三五円（第五章のシミュレーションのみ一ドル＝一三〇円）で計算しました。

第一章　一〇～二〇年後に豊かな老後生活を

インフレは、何年も前に誰かが言ったように、目に見えない税金です。
そのことを本当に理解しているのは一〇〇万人に一人くらいしかいません。
インフレは、政府が発行している通貨を信頼してきた人々に課される税金です。
インフレに対抗するための最善の投資は、
収入を得る能力や才能を高めるための投資です。
自分の才能を極限まで高めている人はほとんどいません。
才能が増しても、それに税金がかかることはありませんし、
誰かにとられることもありません。

（ウォーレン・バフェット）

もはや当たり前でなくなった〝豊かな老後〟

『老後の資金がありません』（中央公論社刊）という小説がある。垣谷美雨氏の原作で、二〇二一年には映画も公開された。この映画が、実に素晴らしい。そこには五〇代の夫婦が金銭的に様々な困難に襲われながらも懸命に奮闘する姿が、コメディ調で描かれている。

しかも、降りかかる問題が極めて現実的なのだ。私も六〇代後半だが、いかに長寿社会においてお金が必要かを実感しており、この映画の内容には大いに頷ける。もしまだ観てないという人がいたら、この本を読んだ後にでもぜひ観てみてほしい。今後の人生の参考となるはずだ。

さて、この本を手にとってくださった皆さんは、少なからず老後に対する危機感をお持ちなのだろう。映画『老後の資金がありません』はある意味のハッピーエンドで幕を閉じるが、現実の人生においても簡単にハッピーエンドを迎えられるかというとそう甘くない。〝現実は小説よりも酷なり〟なのだ。

たとえば、高齢者の貧困がＯＥＣＤ（経済協力開発機構）の中で最悪とされるお隣の韓国では、老人の自殺が日常茶飯事となっており、長らく社会問題となっている。ご存じのように、長引く景気の低迷に加えインフレ（物価上昇）トレンドが発生したことによって、ここ日本の高齢者をとり巻く環境もより厳しさを増してきた。この先、自分は中流だと思っていたはずなのに、気付いたら貧困層に転落していた、なんてことも起こるかもしれない。

そうならないためにも、準備が重要になる。そして、どんな時も前を向くことが大切だ。この本で最も伝えたいことは、「きちんと現実を認識した上で、明るく前を向こう」ということである。老後の問題に対して、〝我関せず、知らぬが仏〟といったスタンスではダメだ。

そこでまずは、私たちをとり巻く現実をきちんと認識することから始めたい。

最初に、皆さんは「豊かな老後」と聞いてどういったイメージを思い描くだろうか。孫に囲まれてリビングでくつろぐ姿、夫婦で国内や海外を旅行三昧《ざんまい》の日々、貯金と年金で多少のぜいたくが許された暮らし、はたまた生きているうちに使いきれそうにない財産で、何一つ不自由しない優雅な生活……たいていはこのようなイメージだろうか。

もちろん、「豊かな老後」に抱く将来像は人それぞれであり、明確な定義など存在しない。しかし、厚生労働省「国民生活基礎調査」（令和元年）における高齢者世帯の生活意識を見てみると、「ゆとりがある」や「ややゆとりがある」と回答しているのは全体のたった五・四％の人々にすぎない。驚くべきことに、全世帯の半数以上が「やや苦しい」「苦しい」と回答している。やはり、現実は甘くないようだ。この調査を見る限り、多くの日本人にとってもはや「ゆとりある老後」は、手の届かない夢となっている。この最大の原因は、単純に日本国自体がどんどん貧しくなっているからだ。

前出の映画『老後の資金がありません』では、冒頭に経済ジャーナリストの萩原博子氏が劇中のワイドショーで「国は老後資金が二〇〇〇万円必要と言っていますが、それで足りるわけがないんです。なぜなら、介護や医療などのお金は含まれていません。サラリーマン家庭の場合、一体老後いくらお金があればよいのか。（中略）ズバリ、老後の資金は四〇〇〇万円が必要です」と訴え、それを見た主演の天海祐希さんが驚くシーンが出てくる。

「ゆとりある老後には一体どのくらいのお金が必要か」という問いには、人それぞれ生きている環境が違うためハッキリとした回答は難しいが、前出の萩原氏が言う「四〇〇〇万円」というのは、一つの目安になりそうだ。

私も大雑把に計算してみたが、令和五年時点で六五歳の夫婦二人が豊かな老後を送るためには、最低限三六〇〇万円が必要となる。

計算式はこうだ。まず、厚生労働省の「簡易生命表（令和三年）」によると、二〇二一年の日本人の平均寿命は男性が八一・四七歳、女性が八七・五七歳。一般的に年金受給が始まる六五歳からの「平均余命」（各年齢の人が現時点から残り何年生きられるかを数値にしたもの。平均寿命とは異なる）は男性で一九・八五年、女性で二四・七三年となっている。老後は、やはり長い。

これは余談だが、他人の助けを受けずに自分で生活できる「健康寿命」の場

高齢者世帯の生活意識

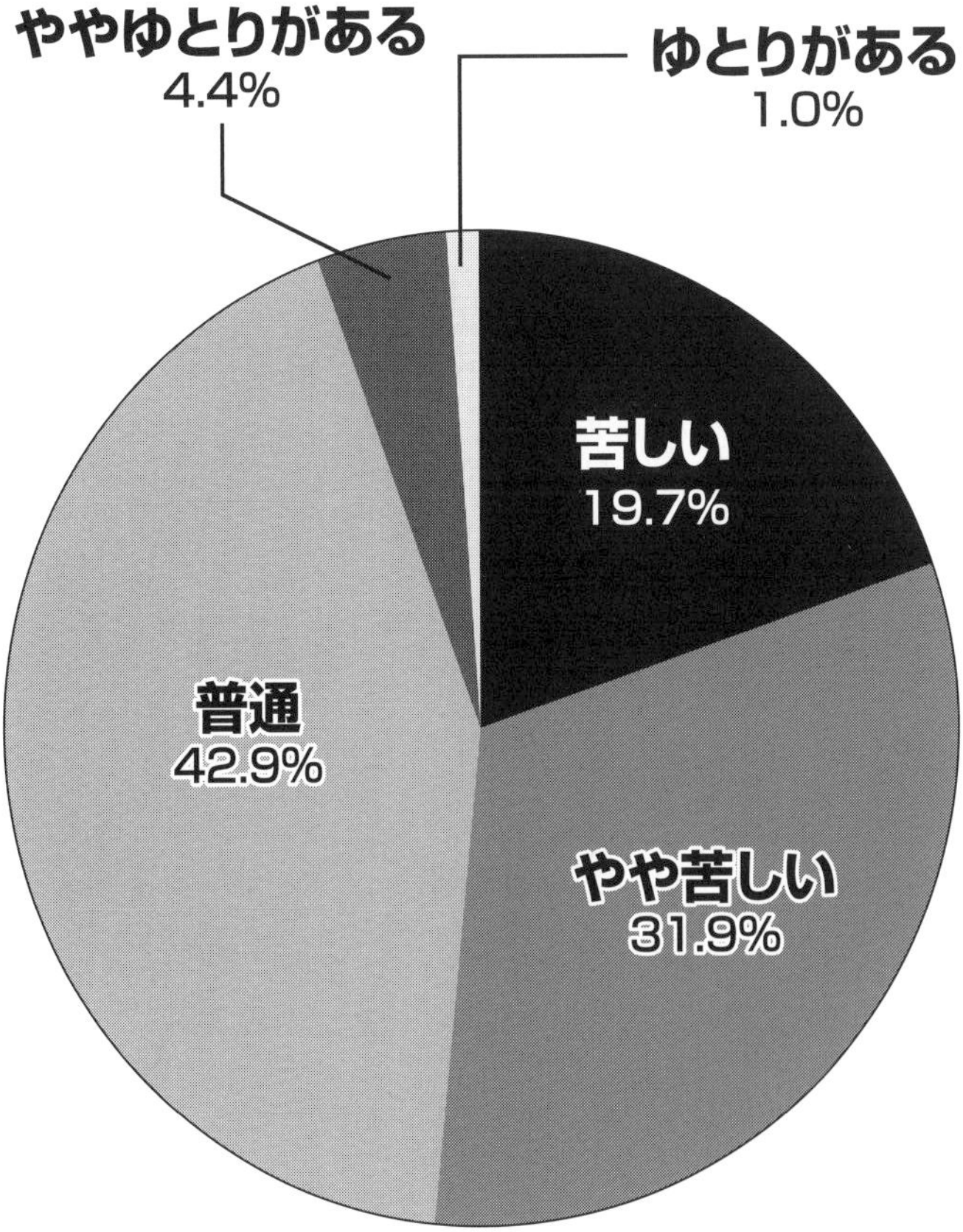

厚生労働省「国民生活基礎調査」（令和元年）のデータを基に作成

合、男性が七二・六八歳、女性は七五・三八歳となっている。すなわち、亡くなるまで九〜一二年くらいは何かしらの病気（あるいは体の不自由）と共に生きて行かなければならないということだ。常識的に考えて、健康寿命が短ければ短いほど、お金は余計にかかる。

それはさておき、公益財団法人・生命保険文化センターの「生活保障に関する調査」（二〇二二年度）によると、夫婦二人で老後生活を送る上で必要と考える最低日常生活費は、月額で平均二三・二万円だ。そしてゆとりある老後生活を送るための費用として、最低日常生活費以外に必要と考える金額は、平均で一四・八万円となっている。すなわちこの調査を基にすると、「ゆとりある老後生活費」には平均で「三七・九万円」が必要ということだ。

それでは、収入の方はどうだろう。日本年金機構は、夫が平均的な年収で四〇年間就業した場合、夫婦二人分の標準的な年金額を二二万九五九三円（令和四年度）と推計した。そこで、「ゆとりある老後生活費」の平均三七・九万円（大体三八万円として）から夫婦二人分の標準的な年金額の約二三万円を差し引くと、「月にして一五万円は足りない」という計算になる。あなたが豊かな老後を送りたいというなら、この足りない分を貯蓄などでおぎなう必要があるというわけだ。

では、あなたが八五歳まで生きるとして不足分の総額を計算すると、一五万円×一二ヵ月×二〇年で「三六〇〇万円が必要」ということになる。人それぞれ生活水準が異なるので一概には言えないが、目安として六五歳までに三六〇〇万円を用意できなかった人は、ゆとりある老後を送れない可能性がある。

しかし残念なことだが、昨今の日本ではほとんどの人がそのスタートラインに立つことができていない。すなわち、多くの人は三六〇〇万円の貯蓄を持って六五歳を迎えることができないのだ。しかも、この「三六〇〇万円」という数字はあくまでも平時においての試算である。日本経済がこの先も平穏を保つ保証はない。

私をご存じの方ならよくわかっていると思うが、私は日本経済の将来を極めて悲観的に見ている。このことの詳細は後述するが、今後の日本経済をとり巻く過酷な環境を考慮すれば三六〇〇万円ではまったく足りない、というのが私の結論だ。

とはいえ、ここでは多くのファイナンシャル・プランナーが試算している三六〇〇〜四〇〇〇万円を「必要な老後資金」だと想定して話を進めて行きたい。

先に、この額を用意できないまま六五歳を迎える人が日本では増えていると記した。実際、日本では過去三〇年間で賃金がほとんど上がっておらず、現役世代が老後に備えて貯蓄するのがますます困難になっている。そうした事情を、次項で詳しく見て行きたい。

日本経済の凋落で、現役世代の貯蓄はますます困難に

まずは、日本のマクロ経済の状況から確認してみよう。

あえて言うまでもなく、日本経済は衰退の途にある。日本は二〇一〇年に国内総生産（ＧＤＰ）の規模で中国に抜かれたが、二〇二三年にはドイツにも抜

かれて世界第四位に転落する可能性が高まっている。「アベノミクスで多少なりとも景気が良くなったのでは?」と思っている方もいるかもしれない。確かに、二〇一二年末に始まったアベノミクスを起点として株価が上昇したこともあり、一時は日本経済の復活も期待された。しかし、結果的にはこの間も日本人の暮らし向きが良くなることは、ほとんどなかったのである。

日銀が発表している生活意識に関するアンケート調査（二〇二二年一二月調査）を確認すると、今の生活にゆとりがないことがはっきりとわかる。二〇二二年一二月の調査では、一年前と比べて暮らしに「ゆとりがなくなってきた」と答えた人が急増した。これは、アベノミクスが正式に稼働を始めた二〇一三年四月以降で最悪である。さらには、二三ページの図の日本経済の（長期的な）成長力に対する見方においても悲観的見方が増大し、これもアベノミクス以降で最悪を記録した。景気回復を実感できないところに、インフレも加わったのだ、多くの人がこう回答するのも無理はない。

一人当たりの豊かさを測る代表的な指標である「一人当たりGDP」も、低

暮らし向きの変化についての回答

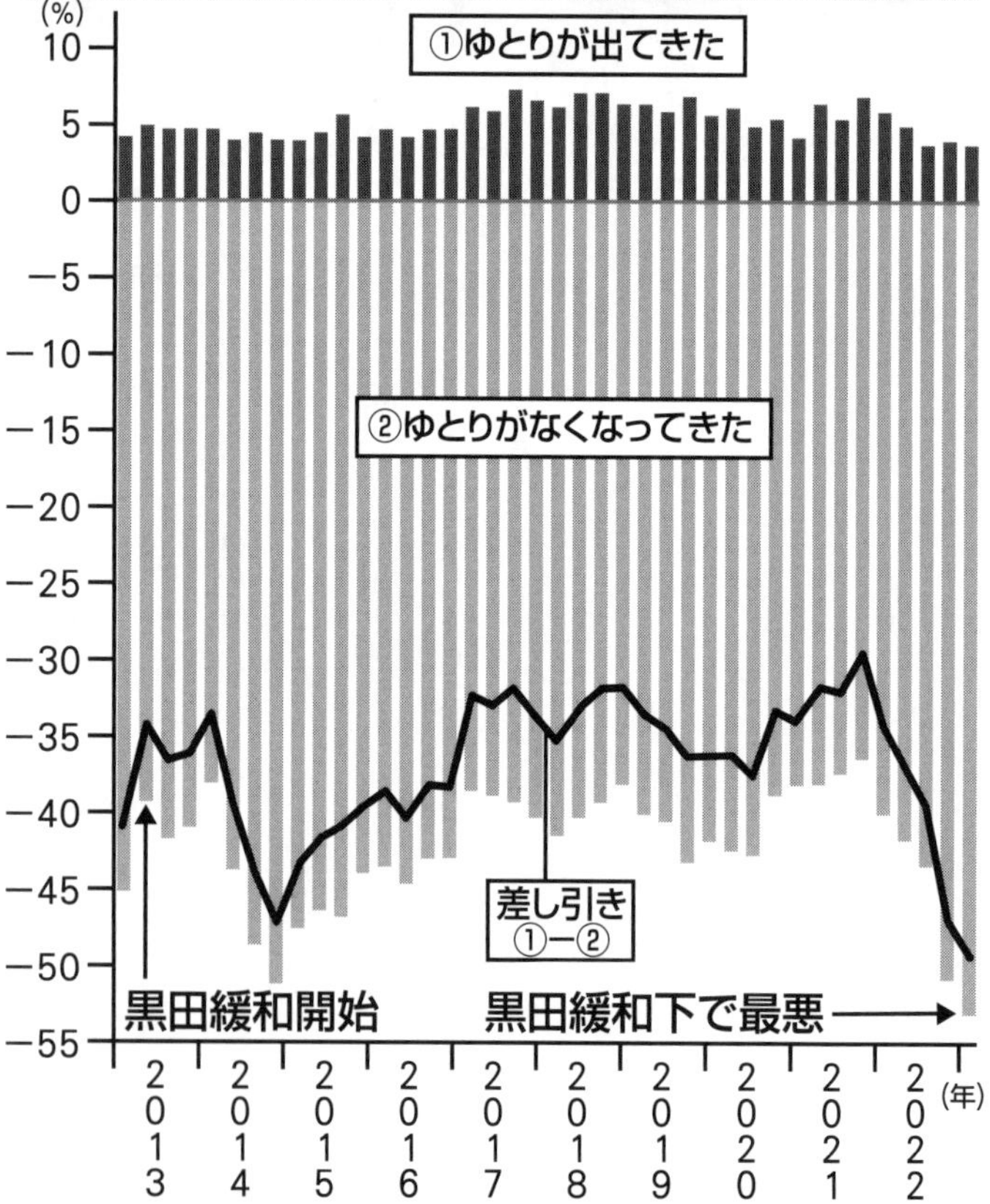

■「ゆとりがなくなってきた」と答える人が激増!

「1年前と比べて、あなたの暮らし向きがどう変わったと感じますか」の問いに対して「ゆとりが出てきた」「ゆとりがなくなってきた」と答えた人の割合を抽出

日本銀行「生活意識に関するアンケート調査」のデータを基に作成

日本経済の成長力に対する見方についての回答

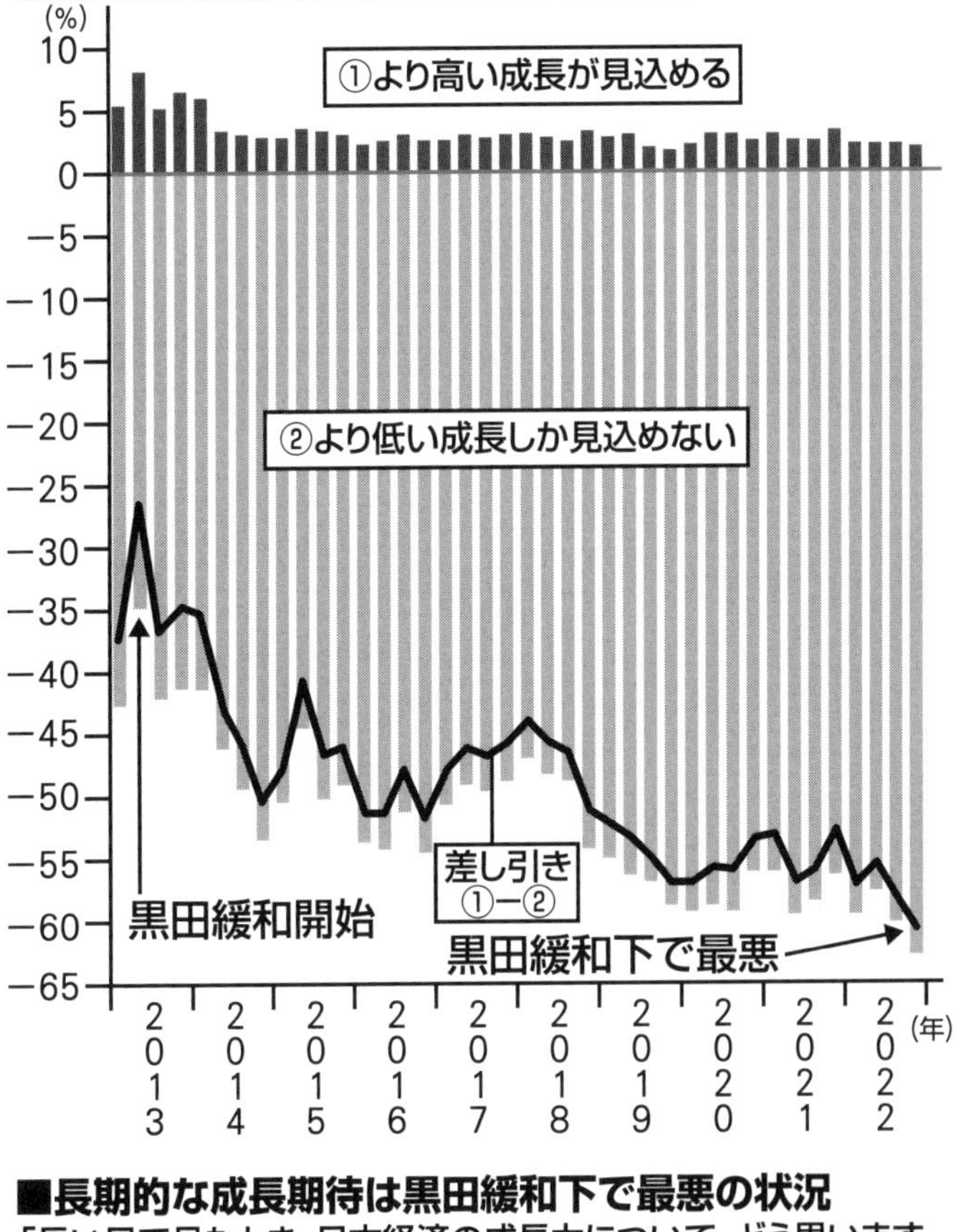

■長期的な成長期待は黒田緩和下で最悪の状況

「長い目で見たとき、日本経済の成長力について、どう思いますか」の問いに対して「より高い成長が見込める」「より低い成長しか見込めない」と答えた人の割合を抽出

日本銀行「生活意識に関するアンケート調査」のデータを基に作成

下が続いている。およそ二〇年前まで、日本の一人当たりGDPは世界第二位という豊かさを誇っていたのだが、二〇二三年にはついに「アジア四小龍」すべてに抜かれる可能性が高まっているのだ。

この「アジア四小龍」とは、シンガポール、香港、韓国、台湾の四ヵ国を指す。「小龍」というのは、この呼称が提唱された当時、すでに高度経済成長を遂げ先進国となっていた日本を「アジア唯一の大龍」と見立て、「それに次ぐ」という意味合いで付けられた。日本の一人当たりGDPは、すでに二〇〇七年にはシンガポールに抜かれ、二〇一四年に香港、二〇二二年に台湾にも抜かれている。そして二〇二三年には、韓国にも抜かれることが確実視されているのだ。アジア唯一の大龍であった日本の凋落振りは、一目瞭然と言える。

ご存じだと思うが、日本では賃金が一向に上がらない。どれくらいの期間にわたって賃金が上がらなかったかというと、三〇年間である。国税庁の「民間給与実態統計調査」によれば、一九九一年の平均年収は四四六万円、それから三〇年後の二〇二一年の平均年収は四四三万円と、上がるどころか逆に三万円

日本、韓国、台湾の1人当たり国内総生産（GDP）の推移

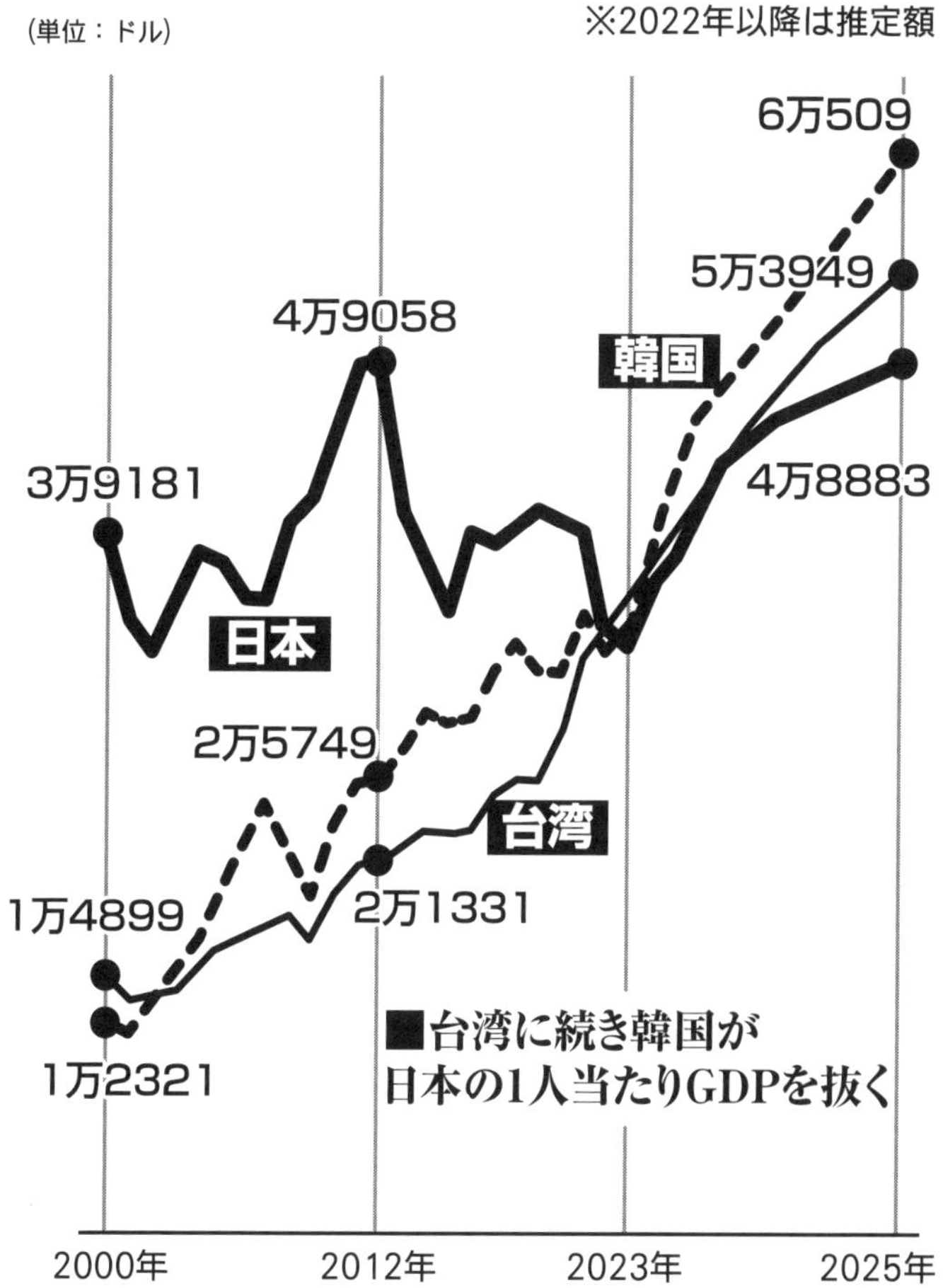

日本経済研究センターのデータを基に作成

も下がってしまった。

ＯＥＣＤ（経済協力開発機構）が発表した加盟国の二〇二〇年における年間平均賃金データによると、日本は三万八五一五ドルと韓国の四万一九六〇ドルよりも下だ。ちなみに、アメリカは六万九三九一ドル、ドイツは五万三七四五ドル、フランスは四万五五八一ドルとなっており、日本の賃金はいまやＯＥＣＤの中でも下位という体たらくである。

アベノミクスが推進された過去一〇年間でも、賃金はわずか一・一％しか増えなかった。これに対してお隣の韓国は一六％も増えている。過去三〇年間ではその差がさらに開き、韓国は一・九倍となったのに対し前述したように日本は微減した。ちなみにアメリカの賃金は、過去三〇年間で四倍にも増えている。

さすがにインフレ到来によって、二〇二二年以降はここ日本でも賃上げの機運が高まっている。しかし、それは限られた大企業の話だ。中小企業庁によると、日本に存在する三六〇万社のうち、大企業は一万一〇〇〇社強にすぎない。残りは中小企業だ。労働者の数で見ても、中小企業は全体の七割を占める。なおかつ、中小企業の賃金水準は大企業よりずいぶんと低い。

大企業でも、非正規従業員は企業内組合の賃上げ交渉の恩恵にあずかれないが、アベノミクス以降はこの非正規雇用の割合が急増している。日本の全雇用者数に占める非正規雇用の割合は、四割以上に高まった。中小企業や非正規雇用で賃上げが進まなければ、岸田文雄首相が掲げる「新しい資本主義」は〝絵に描いた餅〟に終わるだろう。

こうした事情から、近年では〝貯蓄ゼロ家庭〟も珍しくなくなってきた。金融広報中央委員会の「家計の金融行動に関する世論調査［総世帯］（令和三年以降）」によると、およそ四世帯に一世帯は貯金がない状態で生活をしている。貯金があっても、全体の約一割が一〇〇万円に満たないという。

以前、フィディリティ投信は「サラリーマンの四割が老後に向けた自己資金をまったく用意しておらず〝老後難民〟になりかねない」というショッキングなアンケート調査の結果を公表した。フィディリティは同時に、「公的年金だけでは生活が苦しい」と考える人が八割超にのぼったとも指摘、日本人の退職準備不足に警鐘を鳴らしている。

「世の中、お金がすべてだ」などとは決して思わないが、現実的にはやはり先立つものは〝お金〟だ。お金がまったくなければ、お話にもならない。しかし現役世代の賃金が上がらないために、貯蓄が難しくなっているのが現実である。

では、どうしたらよいのか。それこそこの本のテーマである〝投資〟こそがカギとなる。

これからは、〝投資をしない〟ということがリスクになる！

私は冒頭で紹介した『老後の資金がありません』を観賞した際、〝あること〟に対して率直な疑問を持った。それは、「なぜ主人公の夫婦は、今まで投資をしてこなかったのか」ということである。

しかし、これこそが日本の現状だ。日本では、五〇代の夫婦が投資未経験というのはさほど珍しいことではない。日本人の資産形成と言えば、「持ち家」

不安定な雇用

総務省（2021年平均）のデータを基に作成

（住宅ローン返済中）と「貯蓄」（銀行預金）くらいである。

「日本人は金融リテラシーが低い」という、使い古されたセリフを軽々しく口にしたくはないが、日本人の資産形成には最初から投資という手段が欠落しているのは確かだ。資産形成と言えばもっぱら貯蓄に励むのみで、それ以外の資産は自宅や車だけという人は多い。

これは、数字でも確認できる。日銀の資金循環統計によると、二〇二二年六月末時点で日本の個人（家計部門）が保有する金融資産残高は二〇〇七兆円で、このうち「現金・預金」の割合は一一〇二兆円と全体の五四・九％を占めた。

こうした典型的な日本人の蓄財パターンは、それこそ昭和や平成の初期くらいまでは通用したかもしれない。しかも、平成のバブル崩壊以降は長期デフレであったため、現金の価値は保たれた。一般的に現金は、デフレに強くインフレに弱い。

しかし昨今は給与が上がらないばかりか、世界的にも長期インフレへの転換が叫ばれている。日本経済をとり巻く環境も、より厳しさを増しているのだ。

主要国で最悪の債務問題を有する日本経済が、ハードランディング（大崩壊）を迎える可能性だって否定できない。

ちなみに、経済のハードランディングによって、国民の豊かさが大きく減少した先進国がある。二〇〇八年に大きな金融危機を経験した、アイスランドだ。

先に、その国の一人当たりの豊かさを測る代表的な指標として一人当たりＧＤＰを紹介した。そのアイスランド人の豊かさは二〇〇七年に世界第八位まで上昇していたが、金融危機を経て二〇一二年には二七位まで転落している。アイスランドは、金融危機の後遺症を癒すのにおよそ一〇年間かかったが、依然として世界第八位という地位をとり戻せてはいない。

アイスランドの例は、たとえ先進国でも経済危機によって一気に貧しくなることがある、ということの証左だ。ここ日本でも、そのようなイベントが起きないという保証はない。

まさに、サバイバルすることが必須の時代である。そう考えれば考えるほど、投資による資産形成が不可避だ。仮に、これからはインフレの時代であると考えるならば（私はそうなると確信している）、資産を現預金に集中させている状態は率直に言って危険である。インフレ状態では、しばしば投資をしていないことがリスクになるのだ。

投資の話をすると、「私にはまとまったお金がないから」という決まり文句を口にする人が少なくない。しかし、今はネット証券が普及していることもあり、以前に比べて小額投資が容易となった。ネット証券は、手数料も安い。

日本は、島国で農耕社会だ。こうした背景から、私は日本人には積極的にリスクをとろうとしない国民性があると思っている。どちらかというと、慎重派が多い。慎重な人は石橋を叩いて渡ろうとするため、投資を〝毛嫌い〟している人が多くいる。何を隠そう、投資にリスクは付きものだ。当たり前の話だが、投資は儲かる可能性がある反面、損する可能性もある。そう、「絶対に儲かる」投資など、この世に存在しない。

しかし、この投資に関する普遍的なテーマを、人生に置き換えても同じことではないか。ゼロ（無）リスクの人生などないのである。

とりわけ一九九〇年のバブル崩壊で痛い目に遭った人に多いが、日本には「株は儲からないもの」という認識を持っている人が一定数いる。氷河期世代やバブル崩壊を経験した「トラウマ世代」は、保有株の長期の塩漬けを余儀なくされた。しかし、アベノミクスをきっかけとして株価が上昇局面に入った二〇一三年あたりから、トラウマ世代も徐々に株を売却してきたとみられる。過去の戻り売り圧力が減退してきた、という指摘は多い。

若い世代は、投資に前向きだ。東京証券取引所の投資部門別売買動向によると、二〇二一年には一〇年振りに個人投資家が買い越しに転じている。当時の日本経済新聞は、「資産形成のために新規に株式運用を始めた若年層の買いが目立った」と報じた。

この本は、すべての世代の方に向けたものだが、ある意味投資は若い人ほど有利だと言える。時間を味方に付けられるからだ。現役世代の人は、この本のタイトルが言っているように時間を味方に付けることで（投資をしたら二〇年間ほったらかすことで）、約一億円の資産形成を目指すことを真剣に考えるべきだろう。年金受給開始年齢から逆算すれば、四〇～四五歳までに投資を始めれば、老後に相当な貯えを用意できるかもしれないのだ。

もちろん、五〇代や六〇代、そして七〇代の人も遅いというわけではない。知っての通り、昨今は長寿化が進んでおり誰にでも時間は多くある。誰もが「思ったが吉日」を合言葉として、投資による資産形成を実践すべきであろう。

繰り返しになるが、これからの時代は「投資をしないことによるリスク」が浮き彫りになる可能性が極めて高い。思考回路を改め、投資という概念を自分の中の「当たり前」に昇華させることができた人は、勝ち組に近付くだろう。

老後の貯蓄を減らさない「四%ルール」の極意

昨今の欧米では、資産形成に関して「FIRE」という考え方が定着しつつある。これは「Financial Independence Retire Early」の略で、なるべく多くのお金を得て（経済的に自立して）早期に退職しようという意味だ。そしてこの

「ＦＩＲＥ」を実践する上で、「四％ルール」というものが重要になってくる。

この四％ルールは、元ファイナンシャル・プランナーのビル・ベンゲン氏が一九九四年に考案したもので、あらかじめ決められたポートフォリオで年率四％のリターンを確実に出し、その四％を支出に回すことで貯蓄を減らすことなく生活費を捻出するという、夢のような方法だ。

このベンゲン氏は、アメリカの高齢者の資産管理のために一九二六年から一九七六年にわたってリターン分析し、貯蓄が底をつくことなく引き出して使うことのできる正確な割合を導くことに成功したのである。

ベンゲン氏の研究によれば、ポートフォリオ（総資産）の半分をＳ＆Ｐ総合５００種指数（アメリカを代表する株価指数）に投じ、もう半分を中期国債（償還期間が一年超五年以下の米国債）に投じることで、一九二六年以降のどの三〇年間も退職者の資産が減少するのを防ぐことができた。言い方を変えると、ベンゲン氏は安定的に四％のリターンを実現するポートフォリオを発見したのである。

当然、その範囲（四％）内に支出を抑えることができれば、理論上は貯蓄が減ることはない。もちろん、この四％ルールにも「投資に絶対はない」という不文律は適用される。ベンゲン氏が分析したのは、あくまでも一九二六年から一九七六年の期間だけであり、今後も同様のポートフォリオが安定的に四％のリターンをもたらしてくれるかはわからない。しかし、ベンゲン氏が分析した期間には大恐慌や第二次世界大戦、一九七〇年代のインフレ（オイルショック）などのイベントも含まれており、多くのアメリカ人が四％ルールを信頼し実行している。

ここでは、四％ルールがこの先も通用すると仮定した上で話を進めたい。

たとえば、六〇歳の時点であなたに四〇〇〇万円の資産があったとしよう。その半分を株式に、そしてもう半分を債券に投じることで、ベンゲン氏が言う通りその後の三〇年間は年四％のリターン（一六〇万円）が手に入る。あなたがこの範囲内に支出を抑えることができれば、貯蓄を減らさずに暮らせる。

先に、「ゆとりある老後生活費」の平均三七・九万円（大体三八万円として）

から夫婦二人分の標準的な年金額の約二三万円を引くと、毎月一五万円が足りないとお伝えした。すなわち、年換算で一八〇万円が不足する。そのため、もし四％ルールに則《のっと》ってこの不足分を賄おうとすれば、四〇〇〇万円の元手では足りず、おおよそ五〇〇〇万円（四％のリターンで二〇〇万円）の元手が必要となる。ただし、この四％ルールは税金を考慮していない。日本では株や投資信託・ＥＴＦ（上場投資信託）の利益に約二〇％の税金がかかるので、実際は年五％の運用を目指さなければならないのである（二〇二四年に始まる使い勝手の良くなった新ＮＩＳＡを使えば、四％ルールが実践しやすくなる）。

もちろん、年五％の運用を三〇年間続けるのは容易なことではないが（ベンゲン氏を信じるのであれば半分を株式に、もう半分を債券に投じればよい）、こうした四％ルールのような〝投資で生活費を賄う〟という考え方こそが大事なのだ。今後の日本では、必須の考え方になるだろう。

私は、日本で四％ルールを実践しているという人に会ったためしがない。しかし、考えてみてほしい。もしあなたが「ほったらかし運用」で年金受給開始年齢までに一億円用意することができたとすれば、その後は「四％ルール」を徹底することで年間（税引き後で）三二〇万円が生活費の足しになる。

しかも、理論上は元本が毀損されないのだ。病気や事故などにも十分備えられる。まさに、豊かな老後を送れるのではないだろうか。

過去三〇年間で〝二分の一に減価した〟米ドル

ここまで読み進めていただいても、依然として「やっぱり貯金が安心だなぁ」と思う人もいるかもしれない。しかし、インフレの時代には現預金による蓄財はご法度である。

そこで、「通貨の購買力」に関する話をしておきたい。通貨の購買力とは、「その国の通貨で獲得できる商品やサービスを数値化したもの」である。皆さんのお財布に入っている「一万円札」の額面は、一万円であることが変わることはない。しかし、普段はあまり意識することはないが、物価の動向によってこの一万円の購買力は変化する。

どういうことか？　たとえば、本日時点では一万円で買える腕時計があったとしよう。一年後、もしまったく同じ腕時計が二万円に値上がりしたとしたら、一万円札の購買力はこの腕時計に対して一年間で半分に減ったということだ。すなわち、インフレ（物価上昇）は通貨の購買力を弱める。

デフレ（物価下落）はその逆だ。本日時点は一万円で買える腕時計が一年後に五〇〇〇円に値下がりしていたとしたら、通貨の購買力が腕時計に対して二倍に高まったということになる。

前述したように、バブル崩壊後の日本経済は、おおむね長期のデフレトレンドにあった。物価が横ばい、もしくは下がり続けてきたということは、裏を返すと日本円の購買力が高まってきたということである。

日本人が貯金を好むのは知られた話だが、バブル崩壊以降の三〇年間はこれがある意味で正解であった。通貨の購買力が高まるデフレにおいては、「貯金」は正解の一つとされている。

しかし、〝インフレ到来〟となるとそういうわけには行かない。インフレでは通貨の購買力が減退して行くため、貯蓄が不正解の行動となってしまうのだ。仮に数％程度のインフレであっても、思いのほか通貨の購買力は目減りする。

日本のデフレほどではないが、過去三〇年間の世界経済は〝ディスインフレ〟（物価が上がらない）がトレンドであった。たとえば、アメリカの過去三〇年間のインフレ率（年間）の平均は二・三％程度だったが、この程度のインフレでも何にも投資されなかったドルの購買力は約半分にまで低下している。

では、この間に多くのアメリカ人が貧しくなったかというと、実はそうではない。なぜならアメリカでは〝給与が上がり続けた〟からである。要は、「物価も上がった（通貨の価値は下がった）けど、それ以上に給与も上がった」というわけだ。この図式が成り立つ限り、主に現役世代にとってインフレは大した問題とはならない。

ただし、結果的には稼いだお金をただ銀行に預金しておくのは、避けるべき行為であった。〝インフレにおける通貨の購買力低下〟を軽視すべきではない。

やはり、何かに投資する必要がある。過去三〇年間のアメリカを例にすると、その答えの一つは「株」であった。

過去三〇年間、米国株、アメリカ以外の先進国株、新興市場国株は軒並みインフレ（物価上昇）率を加味した実質リターンがプラスとなっている。インフレ調整後でみると、一九九一年に「S＆P５００」に一ドルを投資したとすると、二〇二一年には一二ドルあまりとなった。つまり、インフレの影響を加味した上で、購買力が一二倍になったということである。株に投資して三〇年間ほったらかすことで、資産が一二倍に化けたのだ。

私たちも、これくらいの大化けを目指したいものである。それを実現するために重要となるのが、〝複利〟という魔法の杖だ。

〝複利〟という魔法の杖――二〇年で一億円を目指そう！

「人類最大の発明は複利である」（The most powerful force in the universe is

compound interest.)」と、かの物理学者アインシュタインは言っている。複利での運用が、いかにものすごい理財効果を発揮するかがわかる逸話として有名である。しかし、そのアインシュタインも日本の金利の低さを目の当たりにしたら、顔面蒼白になるに違いない。

日本でもインフレ到来により将来的な金利上昇の可能性がとり沙汰されているが、二〇二三年二月一日時点で三大メガバンク（三井住友銀行・三菱ＵＦＪ銀行・みずほ銀行）の定期預金の金利は、〇・〇〇二％しかない。

「七二の法則」（七二を金利で割ると、複利で元金が倍になるまでの年数が大雑把にわかるという法則）で計算すると、現在の日本の定期預金金利（〇・〇〇二％）では元金を倍にするのに三万六〇〇〇年もかかる。これでは、お隣の中国四〇〇〇年の歴史をもってしても元金を倍にすることはできない。

しかし、あなたがもし年率一二％で複利の運用ができたらどうなることか。まず六年後に当初の元本が倍、そのさらに六年後には元本（当初）が四倍となり、結果的に投資から一八年目に元本（当初）は八倍にまで殖える。一〇〇〇万円を元本とすれば、八〇〇〇万円にまでなるのだ。

これは仮定の話だが、あなたが四〇代までになんとか一二五〇万円を用意し、そこから年率リターン一二％で一八年間（複利の）運用ができたとしよう。そうすれば、六五歳の時点で一億円の貯金が達成でき、その後はその一億円を元手に四％ルールを死守することで、まさに「豊かな老後」が実現できるわけだ。

もちろん、安定的に年率一二％で運用するのは容易なことではない。そこで、次項では実際の運用手法について解説しよう。

低金利の時代は「パッシブ運用」

投資の世界には、運用方法の二大巨頭として「パッシブ運用」と「アクティブ運用」という分類がある。そして、パッシブとアクティブのどちらが良いのかという論争が、延々と繰り広げられているのだ。

まず「パッシブ運用」とは、投資信託などの運用手法による分類の一つで、運用目標とされるベンチマーク（日経平均株価やS&P500などの指数）に連動する運用成果を目指す運用手法を指す。一方の「アクティブ運用」とは、ベンチマークを上回る運用成果を目指す運用手法のことである。

株の投資で考えるとわかりやすい。パッシブは、日経平均株価やS&P500などの指数に投資する。一方のアクティブは、プロの運用者に銘柄をピックアップしてもらって、指数（ベンチマーク）よりも高いリターンを目指すというものだ。

ところで、㈱第二海援隊グループの完全子会社である㈱日本インベストメント・リサーチ（投資助言・代理業）が情報提供している代表的な商品は海外ヘッジファンドなのだが、この海外ヘッジファンドはアクティブ運用に該当する。投資対象を海外のプロの運用者に決めてもらうというものだ。

ちなみに、アクティブ運用は手数料などのコストが高く、パッシブ運用は相対的にコストが低く済む、という特徴がある。指数を投資対象とするパッシブ運用は、投資戦略の立案やその戦略に基づく投資対象の選定などをする必要がない。誰もが機械的に運用できる分、販売手数料や信託報酬などのコストが少なく済むというわけだ。

そして結論からすると、過去数十年はパッシブ運用に軍配が挙がっている。海外ヘッジファンドを推奨している私からすると悔しい限りだが、これはれっきとした事実だ。

リーマン・ショック以降の世界的な低金利にヘッジファンドが適応できなかったため、特にこの期間はパッシブ運用の圧勝となっている。ＥＴＦ（上場投資信託）といった指数に連動した金融商品の普及も、パッシブ運用を後押しした。個人投資家の参入が容易になったことで、過去一〇年はまさにパッシブ運用バブルとも言える状態だと指摘されている。

そして二〇一九年には、アメリカで歴史的な出来事が起こった。史上初めて、パッシブ運用の資産総額がアクティブ運用のそれを上回ったのである。

そのパッシブ運用の代表的な信奉者が、投資の神様ことウォーレン・バフェット氏だ。「オマハの賢人」とも呼ばれるバフェット氏だが、一般的な投資家に向けて要約すると次のようなアドバイスを送っている。

「投資家の皆様への私のアドバイスは、私が妻への遺言書に書いたことと本質的に同じことです。現金の一〇%を短期国債に投資し、九〇%を非常にコスト低いS&P500インデックスファンドに投資します（私はバンガードをお勧めします）。この方法は、年金基金であれ個人投資家であれ、高額の手数料をとる運用会社を頼っているほとんどの投資家が達成するリターンよりも優れていると私は信じているのです」（バークシャーハサウェイ社　二〇一四年二月「株主への手紙」より）。

これは余談だが、パッシブ運用を推奨するバフェット氏は、アクティブ運用の実践者であった。バフェット氏が自ら銘柄を選別し、そこに集中投資する（投資の基本は分散と言われているが、この点でもバフェット氏はまさかの逆を行なっている）ことでインデックス（指数）運用よりも好成績を収めることに成功してきたのである。しかし、こうした投資手法を一般の人が真似することは難しい。それゆえバフェット氏は、一般の投資家にはパッシブ運用を強く勧めているのだ。

一度、書店やamazon.co.jpで投資に関する書籍を検索してみるといい。その多くが、パッシブ運用（とりわけＥＴＦ）を推奨しているものだということが確認できるだろう。ネット証券を駆使すれば、国内外に上場しているＥＴＦを買うのは造作もないことであり、ぜひ読者の皆さんも挑戦してみてほしい。

高金利の時代は「アクティブ運用」

ただし、これからは再びアクティブ運用が台頭する可能性がある。これは、なにも海外ヘッジファンド好きな私の負け惜しみなどではない。インフレ（高金利）の時代にはパッシブ運用が機能しづらくなり、アクティブ運用の方が優位になりそうだとの指摘が方々からなされているのだ。

二〇二二年一二月一〇日号の英エコノミスト誌は「高金利時代の投資新三原則」と題し、低金利から高金利にトレンドが変わってきたことによって「インデックス投資が問題視されだした」と伝えている。

リーマン・ショック後のような世界的に金利が低い状態は、投資家に株式投資のインセンティブ（動機付け）を与えるとされている。金利が低いということは、預金や債券（国債や社債）投資のリターンも低下しているということだからだ。

実際、アメリカのS&P500は、リーマン・ショックの底値「六七六・五三ポイント」（二〇〇九年三月九日）から低金利を追い風として、二〇二二年一月三日の高値「四七九六・五六ポイント」まで、およそ七倍にまで高騰している。しかし、金利上昇を背景に二〇二二年は弱気相場（直近の高値から二〇％以上の下落）に突入した。

ところが金利上昇のピークに対する思惑が台頭すると、二〇二二年一〇月を境に上昇トレンドが復活している。本稿を執筆している二〇二三年二月中旬時点のS&P500は、四〇〇〇〜四二〇〇ポイント付近での推移だ。

リーマン・ショック以降のパッシブ運用全盛期には、「FOMO」（フォーモ）

という略語が世界中で流行している。これは、リーマン・ショックや二〇二〇年三月のコロナショック（パンデミックに端を発した全世界同時株安）など株の急落（とその後の反転）時に決まって流行してきた投資にまつわるフレーズで、「Fear Of Missing Out」（とり残されることへの恐怖）の頭文字を略したものだ。このフレーズを合言葉に、多くの個人投資家が相場に新規参入したのである。

そして二〇二一年から二〇二二年にかけてはアメリカ、イギリス、カナダ、オーストラリア、ドイツ、韓国、台湾、インドなどで株式市場が史上最高値を記録した。これはまさに空前絶後の世界的な株高と言え、よほど下手なことをしなければ中長期のパッシブ運用者に多くの富をもたらしたのである。

しかし、だ。私は米国株を筆頭に、数年以内のクラッシュを予想している。

その最大の根拠は、今後も世界にはインフレが居座り続けるというものだ。インフレが居座り続けるということは、金利が高い状態が続くというわけで、一般的に考えれば株式には逆風となる。しかも最悪のケースでは高金利が債務問題（現在の世界は三・九京円もの債務残高を抱えている）を直撃し、世界的に深刻な金融危機に発展しかねない。

私だけでなく、著名投資家のジム・ロジャーズ氏やマイケル・バーリ氏（二〇〇八年の金融危機より前に住宅ローン証券を空売りし、マイケル・ルイス氏の著書『世紀の空売り』でとり上げられ有名になった）といった面々が、パッシブ投資バブルの崩壊を予想している。

また、『ブラック・スワン』の著者ナシーム・ニコラス・タレブ氏に師事し、ヘッジファンド界のスター運用者であるマーク・スピッツナーゲル氏も、二〇二三年一月末に投資家への書簡で世界の債務膨張に対して警鐘を鳴らした——「客観的にみて、金融史上最大の発火の危険がある時限爆弾を抱えており、一九二〇年代終盤（大恐慌時）より規模が大きく、同様の結果を市場にもたらす可能性が高い」（ウォール・ストリート・ジャーナル二〇二三年二月一日付）。

このスピッツナーゲル氏が率いるユニバーサ・インベストメンツ（米マイアミ）のファンドは、コロナショックのあった二〇二〇年一〜三月期にプラス四一四四％という驚異的なリターンを記録した。同ファンドのアドバイザーでもあるタレブ氏は、「（今後は）米金融当局が以前のような水準に金利を引き上げる一方で、投資家は高金利の世界に戻る用意がほとんど整っていない」（ブルームバーグ二〇二三年二月一日付）との見解を示し、時期こそ明言は避けたものの、そう遠くない将来に極めて厳しい環境が到来すると警告している。

仮に、このような不安定な状況が出現するのであれば、やはり私がお勧めしたいのは海外ヘッジファンドに代表される「アクティブ運用」の方だ。これはなにもポジショントークなどではない。私の経験則から、高金利の時代こそアクティブ運用をお勧めしたいのである。

というのも、リーマン・ショックによる超低金利のトレンドが出現する以前は、私が主宰する会員制クラブの情報提供した海外ヘッジファンドは、おおむね堅調だった。リーマン・ショック後は長期の低迷を余儀なくされたが、それでも金利が復活し始めた二〇二二年からは多くのファンドが復調に転じている。

もちろん、あなたが流行に乗ってパッシブ運用でやりたいというのであれば、それはそれでよい。しかしその場合は、なるべく高値掴みしないよう慎重に買い場を模索すべきだ。暴落した折に（他の人たちが恐怖におののいている時こそが買い場だ）、思い切って買うことをお勧めする。そして、それを長期で寝かせるのだ。

それでも私は、これからの時代にはアクティブ運用が相応しいと思っている。私たちがどのような商品を情報提供しているかについては第三章で詳述するが、海外ヘッジファンドの中には全天候型（上昇相場でも下落相場でも高リターンを目指す運用手法）のものも多くあり、不安定な時代こそ本領を発揮する可能性が高い。

兎にも角にも（パッシブでもアクティブでも）、今後は〝投資を人生のお供〟とすべきだ。そして一度何かに投資したら、それをできる限り長くほったらかしにすることをお勧めする。その極意を次章で述べたい。単純な話、資産を預貯金のまま塩漬けにしておくのはもったいないのだ。

アインシュタインが〝最大の発明〟とまで言ってのけた複利で長期運用すれ

ば、たとえわずかな利回りでも資産は着実に殖えて行く。ヘッジファンドの中にはそういった期待に応える商品も少なくない。二桁など劇的なリターンは望めない代わりに、リスクが低い商品も多く存在する。

たとえ利回りが六％であっても、複利で運用すればたったの一二年で元金が二倍になるのだ。先に述べたように、現在の預金金利では元金を二倍にするのにおよそ三万六〇〇〇年もかかる。こんな馬鹿な話はない。一二年と三万六〇〇〇年というのは、大きな違いだ。

ここで問題！　このクイズに正解できたら投資に向いている？

「How many legs does a dog have if you call a tail a leg?」

「もし、犬の尻尾を〝脚〟と呼んだら、その犬の脚は何本になるだろうか？」

これは、かの有名な第一六代米大統領のエイブラハム・リンカーンが、好んでことあるごとに問いかけたクイズとして有名である。

多くの人は、「そりゃあ、五本だ」と答えたそうだ。しかし、リンカーンの答えは違う。正解は、「四本だよ。尻尾を脚と呼んでも、実際に尻尾が脚になることはないからさ」と話した。「リンカーンも人が悪いなぁ」と思われたかもしれないが、リンカーンが言う解答には次のような意図があったという――「人の言った言葉を信じすぎるな。本質を見た方がよい」。

このクイズを、前出の著名投資家ウォーレン・バフェット氏はたびたび用いている。バフェット氏は過去に株主へのレターで、「初めてこのクイズを知った時からずっと頭から離れなくなった」と記しており、投資の大きな決断を下す際などにこのクイズを覚えておくとよいとまで断言している。その理由は、リンカーンと同じだ。「定義を変えても現実は変わらない。あまりにも美味すぎる話には慎重に、むしろ懐疑的であるべきだ」。

〝絶対に〟儲かる投資など、この世には〝絶対に〟存在しない。投資に夢中になると、リターンを最大化させようと冷静に考えればあり得ないような話に飛び付くことも起こってしまう。この世に完璧な人間はおらず、時には隙が出てしまうが、そういう時はこのクイズを思い出した方がよいかもしれない。

「一生現役」「一生勉強」「一生投資」

豊かな老後にお金が必要なことは間違いない。老後を生きるのに、お金がないと精神的に不安になる。そして、「老後」と言えども今の人生の延長線上にあるものであり、一生現役という態度を貫くべきだ。

たとえば、健康なうちはできるだけ仕事をすべきである。そして大いに勉強し、投資もライフワークとすべきだ。

多くの日本人は、年をとることとお金について不安を抱えている。それは、書籍のベストセラーからも読みとることができる。二〇二二年の書籍ベストセラー・トップ10の一位は『80歳の壁』（和田秀樹著　幻冬舎刊）、そして三位にはアメリカ出身でIT企業役員の厚切りジェイソン氏が書いた『ジェイソン流お金の増やし方』（ぴあ刊）がランクインした。お金の哲学を扱ったという『本当の自由を手に入れる　お金の大学』（両@リベ大学長著　朝日新聞出版刊）も九位に入っているし、文庫本一位には節約する家族を描いた小説『三千円の使いかた』（原田ひ香著　中央公論新社刊）が入っている。

何かを始めるのに、遅すぎるということはない。「この本を読んだが吉日」という思いで、ぜひとも投資の世界に飛び込んでいただきたい。

しつこいようだが、日本経済をとり巻く環境は、今後も悪化の一途をたどるだろう。個人でサバイバルの精神を育まなければ、生きることさえできないかもしれない。そこで本章の最後に、「逆境こそチャンス」を体現した人物の生き様を紹介したい。「森ビル」の創始者である森泰吉郎だ。

彼は、戦後の預金封鎖やドサクサを乗り越えて莫大な財産を築き、最期には世界一の富豪にまでのぼり詰めている。貸ビル業者から大規模デベロッパーへと飛躍を遂げたことで知られる森ビルだが、その原点が預金封鎖（新円切換）にあったということはあまり知られていない。

森は明治三七年（一九〇四年）に東京で、米屋のかたわら貸家業を営む家庭に生まれる。森は、父の仕事振りを見て大家（のちの貸しビル業）の基礎を学んだそうだ。そんな森には、まれな先見性があったという。一九二三年に起きた関東大震災で実家の所有物件がほとんど倒壊した際、当時としては極めて珍しいコンクリート造（災害に強い）による建て替えを父に進言した。また、ほとんどの日本人がお腹を満たすことに必死となっていた終戦直後に焼け野原となった東京を見渡して、「貸ビルの需要が増える」と思っていたという。

さらに森は、人絹（レーヨン）相場が儲かると睨《にら》んでいた。レーヨンは戦前から日本の目玉産業であったこと、そして食糧を輸入するためにレーヨンの輸出が活発になる（需要が急増する）と見込んでいたという。幸運なことに森は、預金封鎖の直前にすべての預金を引き出した。それでレーヨンを買い漁ったのである。その後レーヨン相場は急騰し、森の元手は何十倍にも膨らんだ。その資金を武器に、森は虎ノ門周辺の土地を底値で買い漁ったのである。

戦後のドサクサをチャンスに変えて飛躍を遂げた森泰吉郎は、日本の不動産バブルの余韻が残っていた一九九一年と一九九二年に、米フォーブス誌の「世界長者番付」で第一位に選出された。森は、その翌年に亡くなっている（享年八八歳）。まさに、怒涛の成り上がり人生であった。

私の好きな言葉の一つに、「資産家は恐慌時に生まれる」という格言がある。世界恐慌で名を馳せたジョセフ・ケネディ（ケネディ大統領の父）、戦後のドサクサを逆手にとって成功を収めた森泰吉郎や小佐野賢治、天安門事件の直後に中国本土へ進出してのちに香港最大の企業グループを築いた李嘉誠《リー・クァーシン》など、逆境をチャンスに変えてきた人物は決して少なくない。

ぜひ、読者諸氏も大きな志を持って投資の世界へ踏み込んでいただきたい。

第二章　投資の素人が引っかかる落とし穴

安全とは思い込みにすぎない場合が多いのです。
現実には安全というものは存在せず、子供たちも、誰一人として安全とは言えません。
危険を避けるのも、危険に身をさらすのと同じくらい危険なのです。
人生は危険に満ちた冒険か、もしくは無か、そのどちらかを選ぶ以外にはありません。

（ヘレン・ケラー）

〝ほったらかし〟で資産は殖える

いまや遠い過去の記憶になりつつあるが、〝一〇〇年に一度の金融危機〟と呼ばれもう少しで世界経済が崩壊する瀬戸際にまで追い詰められたのは、今から一五年ほど前の二〇〇八年のことである。最近投資を始めた方はもちろんのことだが、実際に株式投資などをされていて当時の相場を体感された方でも、その本当の恐ろしさに気付いていらっしゃる方はわずかであろう。

この二〇〇八年は、確かに全世界の株式が叩き売られ、とめどもない大暴落を記録している。日本株であれば、日経平均株価がその年二〇〇八年一月初めの一万四六九一・四二円からリーマン・ショック直後の安値一〇月二七日七一六二・九〇円まで、マイナス五一・二％となんと半分以下にまで落ち込んでいる。米国株も同じで、アメリカの代表的な株式指数であるＳ＆Ｐ５００は、二〇〇八年一月初めの一四四七・一六ドルから同年一一月二〇日七五二・四四ドルと、こちらもマイナス四八・〇％もの下落で約半分になっている。

しかし、これだけで「〝世界経済が崩壊〟とはずいぶん大げさではないか」と思われる方もいるかもしれないが、舞台裏で起きていた騒動はもっと悲惨であった。実は、リーマン・ショックに端を発した金融危機によって、あのまま各国政府が何も手を打たなければ、日本の超優良企業の代名詞でもあるトヨタですら資金ショートしていたかもしれないというのだ。

あの時、実際に何が起きていたのか。信じられないことではあるが、それは〝市場からの米ドル（以下、ドル）の消滅〟であった。世界の基軸通貨で最も流通量の多い、つまり最も決済として使われるドルが、市場から一瞬にして蒸発してしまったのである。それは、まるで煙と共に消えるマジックを見ているかのようで、ドルの貸し手が一瞬にしていなくなったのだ。

当時、リーマンの破綻をきっかけに金融市場では、「どこが次に潰れるのか」と疑心暗鬼の状態に陥っていた。そのため、普段であればお互い資金を融通し合っていた銀行など金融機関同士がお互いを信用することができず、貸し手として資金を提供しなくなったのである。

こういった現象は、重要な指標が発表される前後で一瞬起きたりすることはあったが、それがこの時は日を跨《また》いで続いたのだ。金融市場がパニックに陥る中、銀行は何がなんでもドルを調達しようとしていた。当時、ある外資系銀行の担当者は、「市場からドルが完全に消えている。銀行はどこも高い金利を付けてドルを調達しようとしているが、かなり苦戦している」とその異常な事態を実況中継してくれた。また他の外資系銀行からは、「資金の出し手がいなくなり、取引が皆無となっている。金利が高い、低いという話ではなく、金利そのものが存在しない」と、あり得ないような話も出ていた。

ドルの資金が融通できなくなれば、途端に世界経済は立ち行かなくなる。

その瀬戸際、金融が大混乱し世界大恐慌を彷彿とさせる状況に陥り、世界中が戦々恐々としていた中で、「Buy American. I am」（米国株を買いなさい。私は買っている）と力強い声明をニューヨークタイムズに寄稿した投資家がいる。投資の神様と呼ばれる、ウォーレン・バフェット氏である。

バフェット氏の寄稿論説は、二〇〇八年一〇月一六日と金融危機真っ只中で発表されている。その論説でバフェット氏は、アメリカの株式市場をとり巻く環境がいかに良くない状態であるかを説いた上で、「だから私は、米国株を買っている」と続けている。普通の感覚からすると、信じられない行為である。厳しい環境であれば「株は売り」と考えるのが普通だが、バフェット氏はそうではない。なぜ、そういった時期にバフェット氏は株を買うのか――それが株の勝ちパターンそのものだからである。

バフェット氏は、一九三〇年代の世界大恐慌や一九四〇年代の第二次世界大戦、また先進国が軒並み低迷した一九八〇年代初頭など、過去に経済が低迷して悪いニュースが報じられ続ける中で株式相場が大底を付けて上昇した例をいくつか出し、「悪いニュースは投資家の親友である。アメリカの未来の一部を割引価格で購入できる」とコメントしている。つまり、株が暴落して経済の悪いニュースが散々出ている時がまさに株の絶好の買い場で、それを歴史が証明しているというのだ。そして実際にバフェット氏は、二〇〇八年の誰もが株を敬遠する中で一人株を買い進め、のちに莫大な利益を出している。

バフェット氏は、一九〇一年から二〇〇〇年の二〇世紀という一〇〇年間で、二つの世界大戦とその他の莫大なコストのかかる軍事紛争、大恐慌、十数回の不況と金融パニック、オイルショック、スペイン風邪やその他世界規模での病気の蔓延など、アメリカ経済は数多くの負の側面を被ってきたと解説している。その上で、それでもその間にニューヨークダウが六六ドルから一万一四九七ドルと一七四倍（年率リターン五・三％）にも上昇していることを述べている。

つまり、この間散々ひどいことが起きたわけだが、買ってそのままほったらかしにしておくだけで実は資産が殖えていたわけだ。さらに、ひどい出来事によって株が下がった時に投資を行なっていれば、より年率リターンを高めることもできたわけだ。

このような相場に対して、バフェット氏は投資家が損失を被ることはあり得ないような相場とした上で、それでも一部の投資家は損を出していると言及している。そのような不幸な人たちは、〝株を買うのが心地よく感じる時だけ株を買い、悪いニュースの見出しなどで気分を害した時に売り始めた人〟だそうだ。ここが、まさに投資の素人が引っかかる落とし穴である。

上昇相場が続いている中で知人から投資の自慢話を聞かされて慌てて自分も、と始めたタイミングが実は最高値であったり、証券会社からブームが起きている銘柄を推奨されて買った途端に値が下がり始めたり、あるいは業績の下方修正で株価が下がったので株を売却したところ株価下落は一時的でその後上昇したり、などはいずれも相場の世界ではよくあることで、あなたも少しドキッとさせられたのではないだろうか。

せっかく〝ほったらかし〟で資産が殖えたにも関わらず、余計なところで〝触った〟ことで、利益幅が減るだけに留まらず収益がマイナスになることだって起こり得るのだ。

この章では、「投資の素人が引っかかる落とし穴」ということで、そのような失敗をどうしたらなくすことができるのか、または被害を小さく抑えることができるのかを見て行こう。

バフェットの名言

損失を被ることは
ありえないような相場でも
損を出す人とは?

↓

株を買うのが
心地よく感じる時だけ株を買い、
悪いニュースの見出しなどで
気分を害した時に売り始めた人

「誰でもすぐにできる」が実は投資の大きな落とし穴

これまで投資にまったくご縁のなかった人が、「どのような投資商品がお勧めか」と初めての質問で尋ねてくることはよくあることだ。そして、それに対して証券会社や銀行にいるFP（ファイナンシャル・プランナー）などの専門家が、国債や最近流行りの株の個別銘柄、または株式のインデックス投資、投資信託、外貨預金など、好き勝手なアドバイスをすることがある。

この何気ないやりとりが、実はとんでもなく恐ろしい落とし穴であることにお気付きだろうか。これによって、一〇〇〇万円以上もの大切な資金を失ってしまう方が実際に発生しているのである。

これは、退職金運用の失敗談としてよく聞く話だ。金融とは程遠い、一般的な職を全うして二〇〇〇～三〇〇〇万円の退職金を得た人が、突如として資産運用を考えることは意外と多い。これまで扱ったことのない大金を手にしてなかば持てあまし気味に、縁のなかった投資の世界に足を踏み入れるわけだ。今は、銀行預金に入れておいてもほとんど殖えない。そして、世間では老後資金は二〇〇〇万円でも足りないと騒がれている。だったら、この退職金を運用して殖やしてやろうといった具合である。

その時、初めの一歩として証券会社を訪れ、窓口のＦＰの資格を持つ担当者に相談すると、その時点で残念ながら投資の素人が引っかかる〝落とし穴〟に、体半分以上は落ち込んだと言ってもよい。その時に対応された証券会社専属のＦＰに勧められるまま、流行りの投資信託を何本か購入してしまうと、もう手遅れだ。相場環境によって上手く殖えることもあるだろうが、逆にひどいことに投資資金を一〇〇〇万円以上失うことになったりもする。何十年も必死になって貯めてきたお金のはずが、たった一度の判断ミスで大金を失うことになるわけで、実際にこのような失敗談はよくある。

このケース、一体どこで間違いを犯していたのかといえば、最初から最後までおかしなことだらけである。まず、金融に対して何の知識も持たずにお勧めの投資商品を聞いているところにそもそもの間違いがある。これは、料理の経験のない人が「何の料理を作ったらよいですか?」とお勧めを聞くようなものである。和食が得意な料理人から「それなら、ブリの照り焼きがよいですよ」と言われて、果たして未経験者が作ることができるのだろうか。普段料理していなければ、材料からしてまずわからないだろう。メインとなるブリの切り身は用意できたとしても、それに何の調味料を入れてよいのかわからない。仮に、使う調味料がわかっていてもその比率がわからなかったり魚の下ごしらえなどの手順がわからなかったりすると、美味しい照り焼きにはならないだろう。

どんなことでもそうだが、最低限の基礎知識は必要である。ブリの照り焼きを作るのであれば、和食の味付けの基本調味料である「さしすせそ」(砂糖・塩・酢・しょう油・みそ)以外に、お酒とみりんが必要だ。魚の下ごしらえとしては、切り身に塩を振りかけ、しばらくおいてから洗い流して水気をとる手間をかけるだけで美味しさがまったく異なってくる。このようなことは料理の基本で、料理本を見たりネットでレシピ検索したりすれば簡単にわかることだ。

それをせずに料理をしようとする料理未経験者はいないはずである。

ところが不思議なことに投資の世界では、金融のまったくの素人なのに金融商品を勧められるままに購入してしまう人が一定数存在するのである。これが一番の問題である。これまで金融とまったく関わりを持ってこなかった人は、まず圧倒的に知識が足りていないということを自覚して、その上で最低限の基礎知識を身に付ける努力をすべきである。それもせずに投資で資産を上手く殖やしたいと考えることは、かなり危険な行為だ。

投資の場合には、金融に対する知識が何もなくてもお金さえあれば投資ができてしまうのである。実は、その点が投資についての大きな落とし穴である。

〝投資教育〟を怠ってきた日本

最近、「金融リテラシー」という言葉がよく登場する。専門用語でわかりにくいが、意味は「金融や経済に関する知識や判断力」のことである。この「金融リテラシー」について、日本は主要国の中で低い水準にあるという。

金融広報中央委員会が公表する「金融リテラシー調査二〇二二年」において、金融に対する基礎的な知識の問題による比較で、アメリカやイギリス、ドイツ、フランスのいずれの国よりも日本は劣っていたのである。

それもそのはずで、これまで日本は小・中・高の教育カリキュラムの中で、投資教育をほとんど行なってこなかったのだ。先ほどのたとえに出した料理については、日本では小学校の時分から家庭科で習っている。もちろん、最初からブリの照り焼きのような凝った料理を作るわけではなく、ほとんどの小学校ではサラダかみそ汁から調理実習を始める。もっと初歩的なところで、お茶の淹れ方からスタートしているかもしれない。そしてその難易度が徐々に上がって行き、最後の方では魚料理もきちんと義務教育の課題として家庭科に登場する。だから、簡単な料理であればそれなりに作ることができる人は多いだろう。

それに対して投資についての教育は、これまで学校教育においてほぼ登場してこなかった。基本的な知識において料理はしっかり学ぶ機会があった一方で、投資についてはその機会がなかったわけだ。だから、学校でも家庭でもフォローが期待できない状態である。たとえば、小学校の算数でわからない問題があれば、先生に質問したり家族に質問したりするだろう。ところが金融で何かわからないことがあったとしても、身近に相談できる人物がいなかったのだ。

このような中、ようやく日本でも「金融リテラシー」の重要性が認知され、二〇二二年四月より高等学校で金融教育が義務化されている。本当は、もっと早い小学校の高学年または中学校あたりの義務教育の間に始めてほしいと思うが、これまでまったくしてこなかったことが新しく取り入れられたわけで、今回は大いなる進展と言ってよいだろう。金融庁のホームページに「高校生のための金融リテラシー講座」という一一五ページの資料があるので、こちらを軸に教育がなされるわけだ。この資料の中身を見ると、しっかり作りこまれているので、ぜひ今後の日本の金融リテラシーの向上に期待したい。そして、これまで金融教育を受けてこず投資についてまったくの未経験者の方は、金融の基礎を身に付けるためにもこちらの資料を参考にしてほしい。

だが、ここで「これだけの資料で投資を始めるのに十分な知識が身に付くのか?」と問われると、もちろんまったく十分ではない。この高校生のための資料は確かにしっかり作成されているが、あくまで基礎の部分である。実際に投資を始める際には、まだまだそれ以外の知識を身に付ける必要があるだろう。

では、どのような知識を身に付けるべきなのか。ここで、投資の素人が落とし穴に引っかからないようにするために必要な、二つのことをご紹介しよう。まず一つ目は「投資家心理を勉強すること」、そしてもう一つは「投資を数字(確率)でとらえるようにすること」である。この二つを、今後の金融教育にもぜひ組み入れてほしい。

そもそも、人は投資には向かない

「天体の動きなら計算できるが、群集の狂気は計算できない」——これは、アイザック・ニュートンが残した有名な言葉である。

ニュートンはご存じの通り、万有引力の法則を発見し名を馳《は》せているが、彼の残した功績は物理学、自然哲学、数学、天文学、神学と多岐に亘り、一言でまとめると天才科学者であった。そんな彼は投資の世界にも造詣が深く、株や国債などに分散して行なう運用スタイルを続けていた。

そのような中、彼が夢中になった株に「南海会社」が挙げられる。この会社の株は短期間に上昇した後で大暴落し、それは「南海泡沫事件」と呼ばれ株式バブルの語源と言われている。ニュートンは最初、その上昇によって七〇〇〇ポンドの収益を出したが、その後の大暴落で二万ポンド（現在価値で約四億円）の損失を出したのである。金銭的にも精神的にも手ひどいダメージを受けたニュートンが呟《つぶや》いたのが、先ほどの名言である。

万有引力の法則を発見し、天体の動きまでも計算できる天才が、群集の売買によって形成される株式相場の動きは計算することができなかったのである。これは、群集の売買による相場の動きがまったく合理的でないことを意味する。

そもそも、株の動きが合理的であれば、割高すぎておかしな状況であるバブルは形成されないはずだ。それにも関わらず、いつの時代でもバブルは形成され、崩壊している。しかし、それは仕方がない。相場を形成しているのは人間であり、人間が合理的ではないのだから合理的な相場が形成されるはずがないのだ。二〇〇八年の金融危機のように株価が暴落すれば、慌てて皆が投げ売りする一方で、株価がどんどん上昇してくると今度はわれもわれもと買い漁る。本来であれば、値が下げた時が割安に投資できる購入のチャンスであるし、値段が上がれば買い控えるのが合理的な行動である。

なぜ、このように人間は合理的ではないのか。それは、人間が感情に左右される生き物だからだ。人間が合理的ではなく感情に左右される生き物であることを証明する、「最後通牒《つうちょう》ゲーム」と呼ばれるものがある。ゲームは、互いに協力関係のない二人で行なう。片方にいくらかお金が与えられ、それを二人で分けるように提案される。お金を受けとった方は、どのような比率で分けても構わない。そして、もう一人がそれを享受すればその比率で両方お金を得ることができ、拒否すれば両方ともまったくお金を得ることができない。ルールはシンプルだが、実際に行なうと心理戦になる。

このゲームでお金を分ける方に一〇〇〇円が与えられ、自分に八〇〇円、相手に二〇〇円と分けた場合、相手はそれを享受するかどうかというのがポイントである。二〇〇円を渡される側に立ってみよう。あなたはそれを受けとるだろうか。お金を渡してくるのが親友だったり、または嫌いな人だったりしたらどうだろう。また、分ける金額が一万円に変更になったにも関わらず、あなたに渡す金額は変わらずたった二〇〇円だったらどうだろう。

このゲームの結果は、国民性や環境、また渡す側や受けとる側の立場によって異なるだろう。ただ、実際にアメリカで一〇ドルを使って、渡す側に八ドルと受けとる側に二ドルとして実践してみたところ、半数の人が受けとりを拒否したそうだ。確かに受けとる側は、相手が八ドルもらっているのになぜ自分が二ドルなのかと不満に感じるだろう。同じ割合で相手が一〇〇ドル中九八ドルもらっていたらなおさらだ。

しかし、それによって拒否するという判断は、実はまったく合理的ではない。

感情的には承諾し難いものではあるが、受けとらなければ自分がもらえるのもゼロ円なのだ。それであれば、たとえ嫌いな相手が九八〇〇円もらえることになったとしても、自分としては二〇〇円をもらう方が合理的なのである。

周囲に惑わされることなく合理的に判断して、自分にとって最善の選択を行なう――この考え方は、投資で成功するために必要な判断である。相場には、このような人の心理が反映されるため、合理的ではないことが往々にして発生する。そのような、人の心理から相場が動くことを研究する学問がある。それは「行動経済学」と呼ばれ、近年二〇〇二年、二〇一三年、二〇一七年のノーベル経済学賞はその分野の研究者が受賞している。

投資を行なう上で落とし穴に引っかからないようにするために、どのようなところで合理的な行動をとることができなくなるのかを知るために行動経済学を学ぶことはお勧めである。あまり難しくなるといけないので、興味がある人は専門書を読んでみてほしい。

ただ、この行動経済学によって知ってほしい結論は、人間がいかに非合理的な判断をするかということである。一方で、投資において必要なことは合理的な判断だから、そもそも投資は人間に向かない行為なのだ。では、それを改善するためには、投資において合理的な判断をするためにはどうすればよいのか。それは、投資を数字（確率）でとらえるようにすることである。

〝合理的な投資先かどうか〟を数字で判断する

合理的な投資先かどうかを判断する最も重要な基準は、投資した資金が殖える期待が高いかどうかである。それを判断するには、投資をより細かく正確な数字（確率）を使いながらとらえる必要がある。

宝くじを例に挙げてみよう。まず、宝くじが非常に優れた投資であると考える人は少ないはずである。これはなぜかと言えば、使った資金以上の回収が見込めないためだ。

宝くじを買う時、「当たるか外れるか二つに一つだから確率は五〇％」としたり顔で言い放つ人もたまにいるが、その人も本心からではないだろう。宝くじの一等に当たる確率が五〇％であるとは誰も思っていないはずで、実際に最近の年末ジャンボ宝くじの一等七億円の当選確率は二〇〇〇万分の一である。

この宝くじを、夢を求めて一枚三〇〇円で購入するわけだが、宝くじとはそもそもどれくらいの資金回収が見込めるものだろうか。宝くじには、先ほどの一等だけでなく一等の前後賞や二等、三等といくつかの当たりが用意されている。それらを考慮すると、期待できる回収金額は〝約半分〟ほどである。

つまり、一枚三〇〇円で年末ジャンボ宝くじを購入すると、平均してその購入金額の半分である約一五〇円が返ってくる仕組みなのである。この一五〇円という数字が、一枚三〇〇円の年末ジャンボ宝くじの〝期待値〟となる。

そして投資の世界においては、この〝期待値〟が重要で、「投資額＜期待値」の投資先を選ぶ必要がある。もし、仮に当選金額や当選確率が同じ年末ジャンボ宝くじが一〇〇円で売られていたとしたら、これはものすごく魅力的な投資になる。なにせ、一〇〇円で購入すると平均して約一五〇円が戻ってくるのだ

年末ジャンボ宝くじの当選金額と本数

（単位：円）

	当選金額	本数	合計金額
1等	700,000,000	1	700,000,000
1等前後賞	150,000,000	2	300,000,000
1等組違い賞	100,000	199	19,900,000
2等	10,000,000	4	40,000,000
3等	1,000,000	40	40,000,000
4等	50,000	2,000	100,000,000
5等	10,000	60,000	600,000,000
6等	3,000	200,000	600,000,000
7等	300	2,000,000	600,000,000
	合計		2,999,900,000

宝くじ公式サイトのデータを基に作成

から、一・五倍になって儲かる可能性が高い。しかも、宝くじは買って結果が出るのが数週間〜一ヵ月ほどの短期であるから、その点も魅力的ではある。

もう少し細かく見てみよう。年末ジャンボ宝くじの場合には、一ユニットが二〇〇〇万枚と決まっていて、ユニットごとに一等、二等などの枚数が決まっている。一等であれば一ユニットごとに一枚、前後賞は二枚、二等は四枚、三等は四〇枚といった具合に決まっており、二〇〇〇万枚すべて購入したとすると、当選金額の合計は二九億九九九〇万円になる。つまり、一枚三〇〇円で一ユニット全部購入するとなると元手が六〇億円必要となり、回収できる金額は約三〇億円と半分になる。これが一枚一〇〇円で購入できれば、元手が二〇億円で回収できる金額は約三〇億円だから、先ほどの通り一・五倍になるのだ。

ここで気を付けたいことがある。これはあくまで、「一ユニットすべてを購入した時の話」であることだ。仮に、年末ジャンボ宝くじが一〇〇円と超お買い得で販売されていたとしても、二〇億円出さないと一ユニット全部を購入できない。だから、いくら期待値が一五〇円と一枚一〇〇円の購入額を上回っていたとしても、一〇枚しか買わなければ七等の三〇〇円しか当たらずに、七〇〇円の損を出すことが起こり得るのである。逆に、一〇枚しか購入しなくても一等とその前後賞が見事に当たり、一〇億円の収益を生み出すかもしれない。この損益のばらつきも、投資をする上で重要なポイントである。

ただ、最も重要な点を再度繰り返すと、投資を行なう上では常に期待値に注意を払うことである。そして、この期待値がマイナスになりそうな投資には手を出さない方がよい。期待値がプラスになりそうなものの中から、損益のばらつきを検討しつつ投資するのが賢いやり方なのだ。

なお、このように期待値に注意しながら投資を検討することは、最も重要である一方で厳密に細かな計算をするとなると個人ではなかなか手が回らないかもしれない。ならば、この作業をいっそのことプロに任せてしまうという選択も考えられる。日本には少ないが、海外にはコンピュータを駆使してこのような期待値など専門的な数字の分析をしながら投資を行なうプロ集団が数多く存在する。それこそが、〝海外ファンド〟だ。第三章では、いくつか魅力的な海外ファンドを具体的にとり上げるので、しっかりと情報収集してほしい。

投資においてやるべきこと、やってはいけないこと

この章の最後に、投資において「やるべきこと」と「やってはいけないこと」として三つのことをお伝えしよう。

まずは、「やってはいけないこと」からだが、自分の人生がひっくり返るほど壊滅的なマイナスを出す可能性がある投資は決してやってはいけない。投資の中には、投資した金額以上の損失を出すものもある。その代表格が、自分で投資を行なう「FX」や「先物」である。

この取引は、自分の今ある資金を担保にしてそれ以上の資金で投資を行なう行為である。手元に二〇〇万円あったとして、それを担保に一〇〇〇万円の取引を行なったりするのだ。確かに投資効率は良く、上手く行けば大きな収益を得られる。

その一方で、失敗した時には自分の持っている資金以上の損失を出す可能性もあるのだ。上手くコントロールできれば強力な武器となるので、投資のプロがチームで取り組むのであればよいが、個人で行なうとなると難易度はかなり高い。四六時中相場が気になり、精神的におかしくなってしまうかもしれない。実は、この取引における精神的負荷を見事に利用した人物がいる。大ヒット映画『ジョーカー』の役者で、彼は精神異常の人物を演じるために、あえて貴金属の先物取引を行なったという。おそらく、その取引でかなり苦しい思いをしたのだろう。結果、彼の演技は高評価を得て、映画は空前の大ヒットをしたのである。余談を挟んだが、このような取引はまともな精神状態ではいられないということで、そういった面でも安易に手を出すものではない。

次に、やるべきことだが、これは二つある。その一つ目は「分散」だ。投資の世界に〝絶対〟はない。これも、投資の素人が引っかかる落とし穴であるが、投資の成績を「ゼロ」か「一〇〇」かで考える人がいる。もちろん、そう単純なものではなく、すでに説明した通り投資は確率そして期待値で考えるものである。一〇〇％の確率（また勝率）というのはまずあり得なくて、勝ったり負けたりするわけで、それが現実である以上、一つのものにすべてを集中させるのではなく、いくつかに分散することが重要なのである。

そして、もう一つのやるべきことは「自分で最終判断をする」ということだ。「投資は自己責任」という言葉の通り、実際に投資を行なった結果は、すべて自分に返ってくるのである。証券会社の専属ＦＰのお勧め通りに投資を行なったとしても、その損益に対して証券会社が責任をとってくれるわけではなく、すべて自分の投資結果になる。そのため、まずはしっかり金融リテラシーを身に付けた上で感情に流されず、合理的な投資先かどうか数字（確率）を見ながらしっかり判断することが重要なのである。

第三章　知られざる海外ファンドのすごみ

幸運は用意された心のみに宿る。

（ルイ・パスツール：フランスの細菌学者）

海外ファンドって何？

すでに資産運用に積極的に取り組んでいる人ならいざ知らず、そうでない人にとっては、「ファンド」と言われても「聞いたことはあるけどよくわからない」という人が多いと思う。本書で言うファンドとは、「投資家からお金を集めてプロに運用してもらう仕組み」のことだ。証券会社などで「投資信託」（投信）という金融商品が売られているが、あの仕組みがまさに「ファンド」だ。つまり、「ファンド＝投資信託」ととらえてもらって差し支えない。

国内で売られているファンドは投資信託とも言うが、海外のみで売られているファンドについては投資信託とは呼ばないのが普通だ。とりあえず、「ファンド」という言い方に慣れてほしい。海外で売られている投資信託のようなもの——それが「海外ファンド」ということだ。

「結局、海外ファンドって海外で売られているってだけで、国内の投資信託とたいして変わらないでしょ?」と思うかもしれないが、実は国内投信と海外ファンドはその中身にこそ大きな違いがある。大部分の国内投信は単純に「株を買う」とか「債券を買う」といった運用を行なうものが多い。投資している株や債券が値上がりすれば儲かるし、値下がりすれば損する。つまり、投資対象(たとえば株)が値上がりしなければ儲からないわけだ。

「何を当たり前のことを言っているのか?」と思われるかもしれない。しかし、実は世の中には値下がりしても儲かる金融取引というものが存在する。

その代表的なものが「先物取引」だ。先物取引は詳しく知らないけど、聞いたことはあるという人が多いのではないだろうか。日本では、先物と聞くと商品先物を思い浮かべる人が多いかもしれない。そして、多くの日本人にとって先物の持つイメージは、「危険なギャンブル」といった類のものだろう。実際、昔ながらの小豆《あずき》相場にしてもそうだが、商品先物で大損したとか破産したとかいう話はごまんとある。

商品相場に限らず、一般に先物取引はハイリスク・ハイリターンと言われる。

しかし、先物取引には現物取引にはない魅力がある。それが「売り建て」というものだ。現物取引の場合、買ったものが値上がりしたら儲かるし、値下がりしたら損をする。ところが、先物取引の場合、「売ったものが値下がりしたら儲かり、値上がりしたら損をする」取引（売り建て）ができるのだ。

「値下がりしたら儲かる⁉」「買ってもいないものをどうやって売るんだ？」「意味がわからない」と思うかもしれないが、とりあえずは「そういうものだ」と思っていただきたい。もちろん、現物取引と同じく「買ったものが値上がりしたら儲かり、値下がりしたら損する」という取引（買い建てという）も可能だ。「買い建て」と「売り建て」では、買いと売りの取引の順序は逆だが、安く買って高く売ることで儲かるという理屈は変わらない。要は、先物の場合は「相場が上がっても下がっても収益を得るチャンスがある」ということだ。上手く使うことができれば、先物ほど便利で強力な武器はない。

昨年（二〇二二年）は、世界的に株式と債券が大きく値下がりしたが、先物で「売り建て」しておけば大きな利益を得られた。しかし、理屈を言うのはたやすいが、実際に儲けるのは決して簡単ではない。ハイリスク・ハイリターンという性質上、人間が自分の判断で取引してもなかなか上手く行くものではない。人間には〝感情〟がある。この感情こそが相場には実に厄介なものなのだ。たとえば、買った株がどんどん値上がりしたとする。すると、誰だって心が躍る。というよりも、気持ちが浮付いてしまうのだ。逆に、買った株が下げ続けると心の中は恐怖に支配されがちになる。あなたは、このような精神状態でまともな投資判断ができると思うだろうか?

投資は、買う時よりも売る時の方がはるかに難しい。利益が出ている時は「もっと上がるはず」などと思い込み、売り時を逃す。やがて下落相場に巻き込まれ、儲け損ねる。あるいは「儲かっているうちに利益を確定しようと焦るあまり、早すぎるタイミングで売ってしまう人も少なくない。損失が出ている時は「下げすぎだ。そろそろ上がるはず」などと思い込み、損切りができずに深手を負う。あるいは、損切りの判断をあまりにも早く頻繁に行なうため一向に儲からず損失が積み上がる人もいる。いわゆる、「損切り貧乏」というやつだ。

先物取引なら「買い建て」も「売り建て」もできる

買い建て
＝買って取引を始め、売って取引を終える
→値上がりすれば儲かり、値下がりすれば損する

売り建て
＝売って取引を始め、買って取引を終える
→値下がりすれば儲かり、値上がりすれば損する

■■■解説コラム「先物取引」■■■

先物取引とは、「将来の一定の期日に、商品の受け渡しおよび代金の支払いを約束し、その価格を現時点で決める取引」である。

たとえば、現時点で一万円の商品があったとする。ある人が「この商品は今すぐには必要ないが、半年後に購入する必要がある。ただ、おそらくそれまでに値上がりするだろう」と予測しているとする。そこで、現時点で一万円で買う約束をしておき、実際の支払いは半年後にすることができれば、買い手は価格上昇のリスクを避けることができる。これが、買い手側のリスクヘッジの基本的な仕組みであり、「買いヘッジ」という。逆に、売り手側が行なうリスクヘッジは「売りヘッジ」という。

また、買う約束ができるということは売り手が存在するわけであり、売り手からすると売る約束をするということに他ならない。多くの人が疑問に思う、

「現物を持っていないのになぜ売れるのか？」という問いに対する答えは、一言で言えば「売る約束ができる取引だから」ということになる。

先物取引は、売買するとは言っても現物取引と異なり、将来のある期日（たとえば半年後）に売買するという契約を結ぶだけだ。したがって、実際の商品の受け渡しおよび代金の支払いを今行なう必要がなく、現時点で現物がなくても売買できるわけである。

先物取引の決済の方法としては、必ずしも商品の受け渡し（代金の支払い）により取引を終了する必要はない。約束の期日がくる前に、いつでも反対売買（買い建てたものは転売し、売り建てたものは買い戻す）をすることで、その差額を清算して取引を終了することができるのも先物取引の特徴の一つだ。

これを、「差金決済取引」という。特に一般投資家の場合は、大半がこの差金決済により取引を終了することになる。その場合、期限までに反対売買することにより手仕舞わなければならないのも先物特有の制約である。したがって、一般の株式投資のように、いつまでも好きなだけ保有を続けることはできない。

「証拠金制度」という仕組みも、先物取引が現物取引と大きく異なる部分だ。現物の取引では、言うまでもなく代金全額（総取引金額）が必要である。しかし先物の場合は、「委託証拠金」を取引の担保として預託《よたく》すればよい。必要となる委託証拠金の額は、総取引金額の五～一〇％程度が一般的だ。これはリスクヘッジの機能として考えた場合、ヘッジに必要な金額が少額で済み、資金効率が非常に良いと言える。

しかし一方で、投機として見ると総取引金額は投資金額の一〇～二〇倍ということになる。たとえば、先物市場に一〇〇万円投資する場合、最大で総取引金額一〇〇〇～二〇〇〇万円の売買ができることになる。一〇〇〇万円の価格が一〇％（一〇〇万円）変動しただけで、元々の投資金額が二〇〇万円になるかゼロ円になってしまうのである。これを「レバレッジ効果」といい、先物取引がハイリスク・ハイリターンと言われる理由は値動きそのものの大きさではなく、主にこの「証拠金制度」にあるわけだ。

これらはすべて感情が邪魔して、的確な投資判断ができなくなった結果といえる。しかし、これらの感情は人間にとって、ごく自然なものだ。つまり、まともな思考回路を持つ人はそもそも投資に向いていないのだ。投資で長年、結果を出している人というのは、元々普通の人とは異なる思考回路の持ち主（〝変人〟とでも言うべき？）か、鍛錬によって投資に適した思考回路に矯正することができた人と言ってよい。だが、いくら投資に適した思考回路を身に付けた人でも結局は感情を持つ人間であることに変わりはない。常に感情を排除して売買することなどできるはずがないのだ。

そこで有効になるのが〝コンピュータの活用〟だ。コンピュータなら、人間のように感情に振り回されて投資判断を誤ることはない。もちろん今の時代、コンピュータを一切使わずに運用するファンドの方が珍しい。コンピュータの活用など、決して目新しいものではない。しかし、それが有効に利用されファンドの運用成績を優れたものにしているかというと、必ずしもそうではない。どんなに性能の優れたコンピュータでも、それを扱う人間の能力や組み込んだ運用プログラムの優劣により、当然運用結果は異なる。

そして、コンピュータを効果的に取り入れているファンドに「MF（マネージド・フューチャーズ）戦略ファンド」というものがある。

MF戦略ファンドの強み

「MF（マネージド・フューチャーズ）戦略」とは、海外ファンドの運用戦略の名称だ。海外ファンドは多種多様の戦略で運用されるが、MF戦略はその一つである。実は、「フューチャーズ」は英語で「先物」を意味し、MF戦略は先物で運用される。先物で運用するから、相場が上がってもあるいは下がっても利益を得るチャンスがある。

MF戦略ファンドの多くはコンピュータを使い、自動で運用される。これなら感情に影響されることもない。コンピュータを利用し、上昇している銘柄は買い進め、下落している銘柄は売り進める。基本的に予測をせず、ただ相場の流れに付いて行く。これを「トレンドフォロー」と言い、ＭＦ戦略の代表的な運用手法だ。感情に左右されないコンピュータで自動運用するとはいえ、投資である以上、百発百中はあり得ないし損失を出すこともある。特にトレンドフォローの場合、相場が上昇から下落に、あるいは下落から上昇へと反転する局面で、ほぼ確実に損失を出す。予測をしないからだ。

人間が投資を行なう場合、予測をするのが普通だ。「この株は上がるだろう」と考えて買い、首尾良く上がったら、「まだまだ上がるだろう」とか「もうそろそろ下げに転じるだろう」などと考えるのが人間だ。この「だろう」が曲者で、「まだまだ上がるだろう」と考えた時に下げ始め、「下げに転じるだろう」と考えた時にはさらに上がる、などという皮肉がよくある。投資を経験した人ならわかるだろう。

トレンドフォローの場合は、「この株は上がるだろう」という予測はしない。あくまでも上昇の方向性（「上昇トレンド」という）がはっきりと表れてから買いポジションをとる。上昇トレンドに乗った後も、「まだまだ上がるだろう」とか「もうそろそろ下げに転じるだろう」などという予測もしない。ただ上昇トレンドの流れに乗り、買いポジションをとり続ける。やがて相場が下落に転じると損失が発生する。一定の損失が出た時点で売り、ポジションを解消する。大きな損失にならないよう、確実に損切りを実行する。その後、下落トレンドがはっきりと表れた時には、今度は売りポジションをとり利益を狙う。

一〇一ページの「トレンドフォロー概念図」を見ればわかるが、この戦略は相場が継続的に上昇・下落する局面、つまり息の長い上昇相場や下落相場に非常に強いのだ。

相場というのは、時に信じられないような暴落を演じる。たとえば二〇〇八年のリーマン・ショックの少し前、原油相場は一バレル＝一四〇ドル台まで高騰していた。それがリーマン・ショック後、三〇ドル台へと大暴落した。普通は、これほどの大暴落は予測できない。日本の相場格言では「半値八掛け二割引」と言われる。最高値からの下落は三分の一程度が目安になるということだ。これでも大暴落に違いないが、当時の原油相場はこの水準すら大幅に下抜けた。

トレンドフォロー概念図

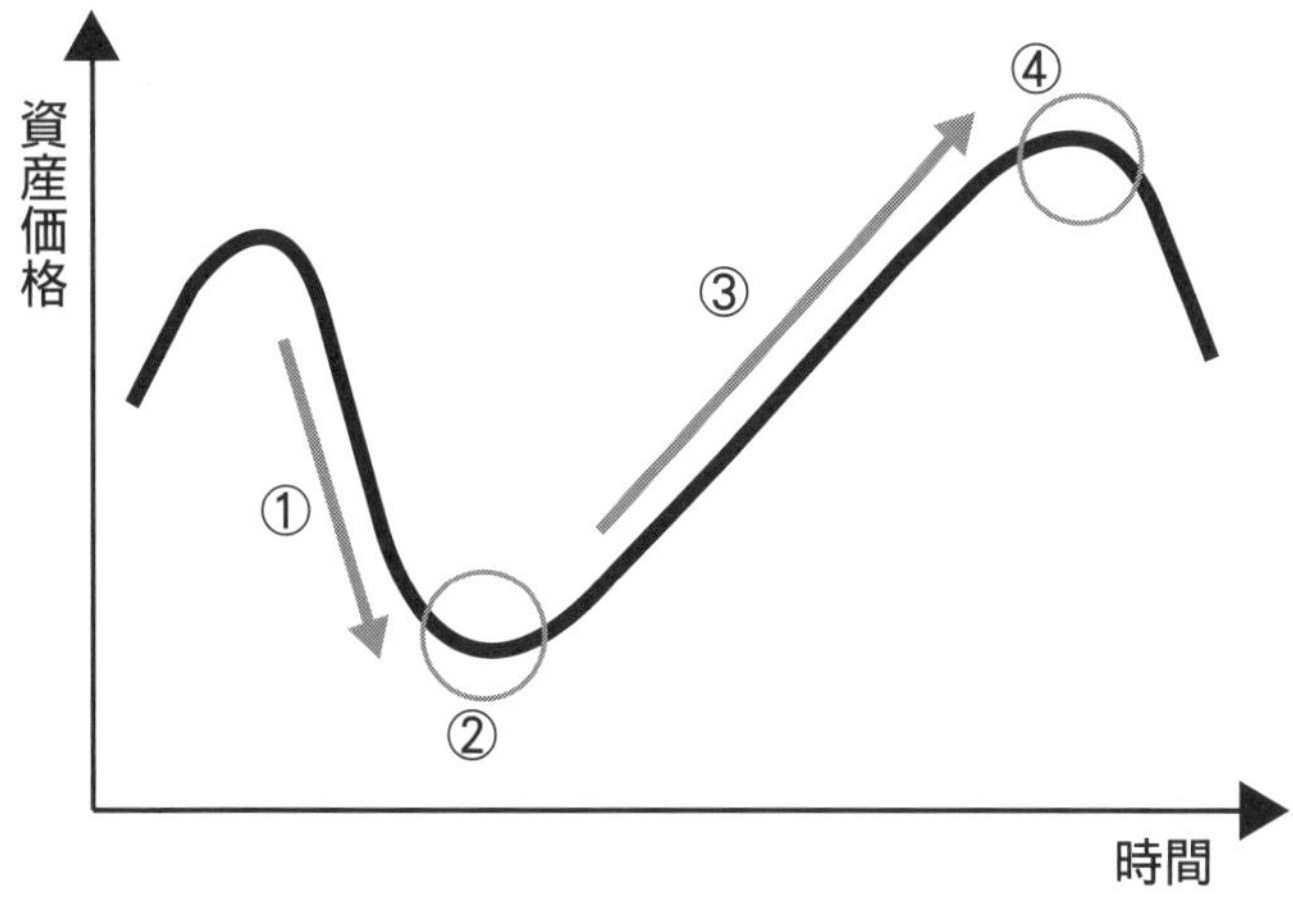

①「売り」で利益

②下落から上昇への反転で損失

③「買い」で利益

④上昇から下落への反転で損失

このような常軌を逸した大暴落時にこそ、トレンドフォローの真価が発揮される。予測をしないから、大暴落が終わるまで売りポジションを保持し、大きな利益が得られるわけだ。

逆に、相場の反転時や上昇・下落のトレンドが出ないもみ合い相場には弱い。この弱点に対しては、損切りの実行により大きな損失が出ないようプログラムされている。

さらに、投資対象を複数に分散することで、リスクを軽減している。世界の株式、債券、通貨、商品といった主要市場には、現物だけでなく先物市場が存在する。これらがMF戦略の投資対象となるため、数百銘柄に分散投資するMFファンドも珍しくない。

また先物の場合、取引金額の全額を投資する必要がない。たとえば、一〇〇万円分の取引をするなら、五万円とか一〇万円といった少額で売買ができるのだ。MF戦略は先物で運用されるため、ファンドにもよるが、実際に投資する資金はファンドの資金全体の二、三割程度が平均的だ。残りの七、八割は短期の債券などにプールしてある。要は、預金に近い形で持っているわけで、当然この部分については大したリターンは得られない。

一見、無駄にも思えるだろうが、先物取引の性質上、このくらい投資額を抑えて運用しても十分なリターンが期待できるのだ。それだけではない。この一見無駄に見える資金が、危機の際に威力を発揮する。

海外ファンドの中には、「ヘッジファンド」と呼ばれるファンドがある。投資に詳しくない人でも、名前くらいは聞いたことがあるかもしれない。先物と同様、ヘッジファンドもまた「危険な投資」という印象を持たれることが多い。中には攻撃的でハイリスクなファンドもあるが、ヘッジファンドというのは元々は安全性を重視して運用されるものだ。

たとえば、株式市場はしばしば暴落する。そのため、単に株を買うだけだと大損する可能性がある。そこで、株を買うと同時にその株と値動きの似た別の株を売っておく（空売りという）。こうしておけば、暴落に巻き込まれても買った株は大損するが空売りした株は大儲けとなり、大体相殺される。

ヘッジファンドの「ヘッジ」は「回避」という意味だが、文字通り大損する危険を回避するために、売り買い両建てで取引するのがその原型なのだ。取引を手がける時、割安と判断した株を買い、割高と判断した株を売ることで利益が出る可能性が高まる。

意外に思われるかもしれないが、本来のヘッジファンドは一般の株式投資（現物株）などよりもずっと手堅い運用を志向するものなのだ。

しかし、このような「安全運転」では、高いリターンは望めない。そこで、このように手堅く運用されるヘッジファンドの多くはファンドの資金のほとんどを運用に回すのはもちろん、外部からの借り入れで運用資金を膨らませる。実際の運用資金が大きくなれば、その分利益も（もちろん損失も）大きくなる。

このように、借り入れをして運用資金を膨らませることを「レバレッジをかける」などという。ヘッジをかけた安全な運用に、適正なレバレッジをかけて高いリターンを狙う――これがヘッジファンドの典型的な運用戦略の一つなのだ。

非常によくできた仕組みだが、実は落とし穴がある。〝危機に弱い〟のだ。

経済危機が起きると金融機関の融資姿勢は厳しくなり、貸し渋りや貸し剥《は》がしが横行する。借り入れに頼る企業などは、苦境に陥る。それは、ヘッジファンドも例外ではない。まず、レバレッジをかけることが難しくなる。また、危機発生時にはどうしてもファンドの解約が増える。しかし、資金の多くを運用に回しているファンドは、急増する解約申し込みに応じる余裕がない。すると、最後の手は保有ポジションの解消、つまり投資しているものを決済して現金化するしかない。こうなると、運用の秩序は完全に崩れ、運用成績の悪化が避けられない。その結果、リーマン・ショックの際には多くのヘッジファンドが解散に追い込まれた。

もちろん、これはヘッジファンドの一面にすぎない。ヘッジファンドの運用戦略は多種多様で、中には危機に強い戦略もある。まさに、「ＭＦ戦略」がそうだ。すでに述べたように、ＭＦ戦略ファンドの多くは短期債券などの形で多額の余裕資金を保有する。借り入れに依存しないから、貸し渋りなどの影響も受けない。市場のパニックにより多少解約が増えようが、ビクともしないわけだ。

会社にたとえれば、「キャッシュリッチ企業」のようなものだ。それに加えて、「トレンドフォロー戦略」が人々の予想をはるかに上回る大暴落時には、無類の強さを発揮する。

好調な「優良MF戦略ファンド」の実例

では、このように魅力のあるMF戦略で運用される実在するファンドをとり上げよう。そのファンドこそ、「Tファンド」だ。

「Tファンド」は非常に有名なMF戦略ファンドで、一九九四年から運用をスタートし、これまでの年率リターンは約九％である。八年後には元本が約二倍になる計算だ。すでに述べたようなトレンドフォロー、損切りといった技術を駆使し、過去数十年の相場のデータを用いて確率計算によって安全性を高めながら巧みに運用されている。

「Tファンド」は典型的なMF戦略ファンドだから、当然戦争や経済危機といった世界の大変動に強い。二〇〇八年のリーマン・ショックの際も大儲けしている。リーマン・ショックが発生した九月は月間で一一・三％のリターンを叩き出した。当時は翌一〇月の方が株式市場の暴落がひどかったが、一〇月も一一・六％のリターンを上げている。暴落を逆手にとって大儲けしているのだ。この年の年間成績は、なんと五〇・九％に達する。

実は、リーマン・ショック後の「Tファンド」は、長らく一進一退の展開が続いた。これには様々な要因があるが、一つの大きな要因としては市場環境の変化が挙げられる。「一〇〇年に一度」とも言われたリーマン・ショックは、それまでの市場環境を劇的に変えた。

一九二九年の世界恐慌当時、政府や中央銀行の対応の甘さが危機を深刻化させたことへの反省もあり、リーマン・ショックの際には各国中央銀行は過去に例がないほどの強力な金融緩和を進めた。各国の政策金利は、軒並みゼロ近辺まで低下し、その結果、株式等のリスク資産はあっと言う間に息を吹き返し上昇に転じた。なかば強制的に回復させられたようなものだ。実体経済を根底から支える地力が不足しているからこれだけ金利を下げても物価も上がらず、成長率も高まらない。景気は一応回復したものの、金利は以前ほど上がらず、低金利、低インフレの環境が続いた。ぬるま湯のような市場環境の中で、株式相場と債券相場ばかりが活況を呈した。

一方、「Tファンド」をはじめとするMF戦略ファンドの多くは、コンピュータプログラムにより自動で運用される。ファンドの運用システムは、超金融緩和によりかく乱された市場環境に苦戦を強いられた。

ところが、新型コロナウイルスの世界的流行が再び市場環境を大きく変えた。ロックダウン（都市封鎖）などで経済活動が停止し、生産や物流の停滞が長期化したため経済再開後の需要の増加に対応できず、インフレが進み始めたのだ。予想を上回るインフレ圧力の強さに、各国は金融引き締め姿勢を強めた。

その結果、それまでとは正反対の高金利、高インフレの市場環境へと変化して行った。その後、ロシアがウクライナに侵攻すると、生産や物流の停滞はますます深刻化した。エネルギーや穀物などの価格が高騰し、インフレと金利上

「Tファンド」のチャートと直近3年の成績

■「Tファンド」チャート

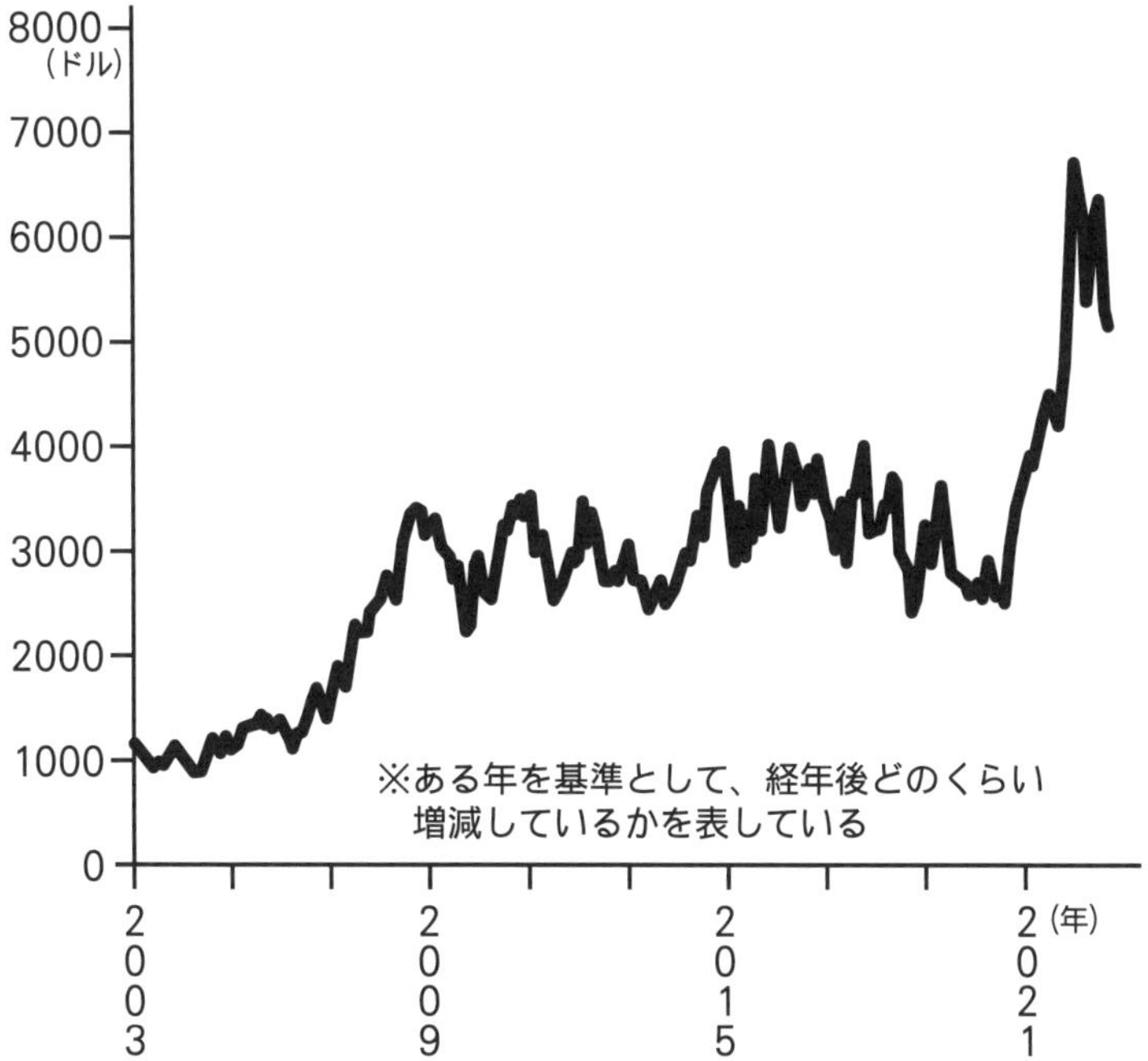

■「Tファンド」直近3年の成績

（単位：%）

	1月	2月	3月	4月	5月	6月	7月	8月	9月	10月	11月	12月	年初来
2020年	0.1	−2.8	−3.3	3.5	0.6	−5.0	14.0	−4.0	−9.0	3.2	−4.5	19.8	9.6
2021年	3.5	9.6	4.8	3.7	6.0	−2.8	6.0	3.3	4.0	3.9	−3.9	−3.4	39.9
2022年	4.9	9.8	22.8	13.5	−4.1	−4.7	−12.6	4.9	10.8	2.3	−15.1	−4.9	23.1

昇に一層拍車がかかった。

市場の動きに呼応するように、「Tファンド」の運用成績は改善して行った。「Tファンド」の運用システムが市場の動きに上手くかみ合い始めたようだ。新型コロナ流行後の「Tファンド」は、素晴らしい成績を残している。

年間成績は、新型コロナの流行が始まった二〇二〇年が九・六%、二〇二一年が三九・九%、二〇二二年が二三・一%となっており、この三年間で九〇%近く上昇している。月間成績を見ると、この三年間で最も高いのは二〇二二年三月だ。わずか一ヵ月で二二・八%ものリターンを上げている。この月は、前月下旬にロシアがウクライナへの侵攻を開始した影響で市場が大荒れになったが、「Tファンド」は穀物や原油、金属などの買いポジションで大きな利益を上げた。

好調なのは「Tファンド」だけではない。実は、MF戦略ファンドが全般に好成績なのだ。欧州金融大手のクレディスイス社が集計するヘッジファンドの運用戦略別の成績を見ると、MF戦略は二〇二一年、二〇二二年と二年連続で一位になっている。低金利、低インフレがもたらす値動きの小さい市場環境から、高金利、高インフレがもたらす値動きの大きい市場環境への変化は、どうやらMF戦略にとって強い追い風になっている可能性が高い。

投資できる通貨は豊富で、一般的な米ドル建ての他にユーロ建て、スイスフラン建て、イギリスポンド建て、豪ドル建て、円建てがあり、いずれも一〇万米ドル相当額（約一三五〇万円）から投資可能である。

「一三〇〇万円投資するのは難しい」という人には「T－ミニ」というファンドの選択肢がある。「T－ミニ」なら一万米ドル相当額（約一三五万円）から投資可能だ。「T－ミニ」の運用は「Tファンド」とほぼ同じ（海外の法規制の関係で完全に同じではない）だから、成績はおおむね連動する。「T－ミニ」のリスク（値動きの大きさ）とリターンはいずれも、「Tファンド」の半分程度だ。「Tファンド」のリターンは魅力だが、値動きはかなり大きいファンドでもある。多少リターンが落ちても安定的な運用を望む人には、むしろ「T－ミニ」の方が向いているだろう。

「ATファンド」

海外には、MF戦略ファンド以外にも魅力のあるファンドがいくつもある。それらのうち、いくつかをとり上げよう。

まずは、「ATファンド」だ。驚くべきことにこのファンドは、これまで一度たりとも下落したことがない。その間、二〇一四年八月の運用開始以来、実に八年以上連戦連勝なのだ。コンスタントに五～七％程度の年率リターンを上げている。もちろんコロナショックで株式市場が暴落した際もびくともせず、淡々と収益を上げ続けた。

ファンドのチャートというのは普通、上下にジグザグするものだが、「ATファンド」のチャートはまるで定規で線を引いたように直線に近い形をしている。株式や債券などの市場で売買を行なうファンドでは、ちょっと考えられない成績だ。

「ATファンド」のチャートと直近3年の成績

■「ATファンド」チャート

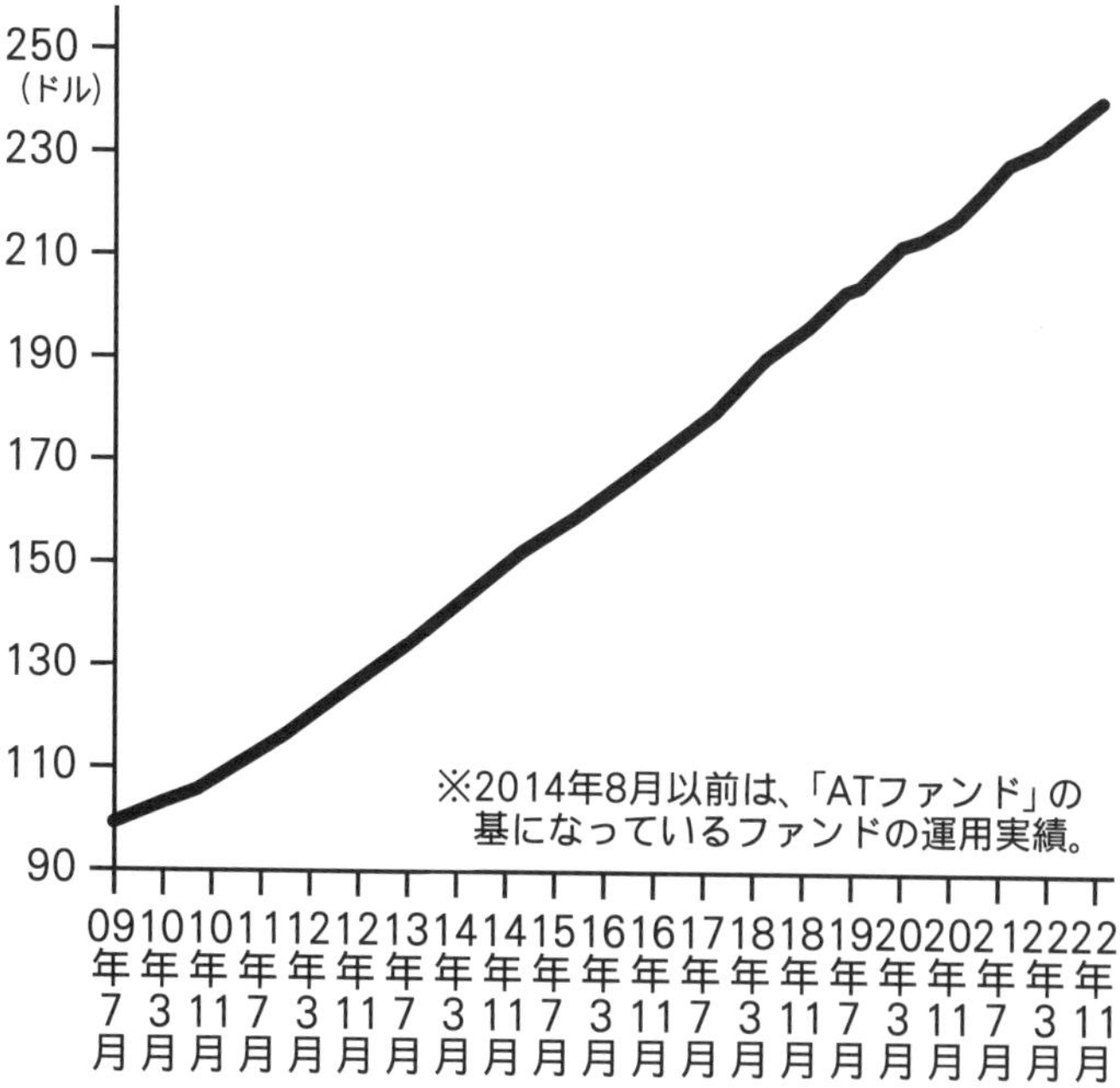

■「ATファンド」直近3年の成績

(単位：%)

	1月	2月	3月	4月	5月	6月	7月	8月	9月	10月	11月	12月	年初来
2020年	0.40	0.34	0.36	0.23	0.28	0.35	0.31	0.37	0.31	0.32	0.33	0.68	4.36
2021年	0.44	0.50	0.30	0.70	0.72	0.55	0.49	0.20	0.33	0.54	0.24	0.37	5.53
2022年	0.26	0.41	0.50	0.22	0.17	0.43	0.40	0.38	0.37	0.41	0.40	0.28	4.29

実は「ATファンド」は、株式や債券などの市場で売買を行なうファンドではない。主に、個人や企業などへの融資を中心に運用するファンドだ。融資だから金利が付く。期日までに金利が上乗せされて資金が戻ってくれば必ず収益が上がる。その結果、ファンドの運用成績も常にプラスになるというわけだ。「ATファンド」の収益源は融資により回収した元利金だから、お金が回収できなければ損失となる。貸し倒れが増えれば、ファンドの成績がマイナスになることもあり得るわけだ。

「ATファンド」は元々はアフリカの公務員向けに小口の融資（マイクロファイナンス）を行なっており、アフリカという相対的に信用力の低い国々の人を対象とすることで高い融資金利を確保すると共に、公務員という安定した職業の人に対象を限定することで貸し倒れリスクを低減するわけだ。しかも返済については給料から天引きするという仕組みをとり、回収率を高めている。

現在はアフリカのマイクロファイナンスだけでなく、不動産関連や農業関連の融資、貿易におけるつなぎ融資など、様々な融資を行なう。対象地域もアフリカに留まらず、イギリス、ヨーロッパ、オーストラリア、アジア、アメリカなど幅広い地域に拡大し、リスク分散を図りつつ収益機会を積極的に求めている。「ＡＴファンド」には、二万五〇〇〇ドル（約三三七万五〇〇〇円）から投資可能だ。

「ＱＥファンド」

「ＱＥファンド」は世界の株式、債券、商品、通貨を中心に様々な投資対象に幅広く投資するヘッジファンドだ。ＭＦもそうだが、多くのヘッジファンドは相場が上がれば儲かる買い建てと、下がれば儲かる売り建ての双方を駆使して収益を狙う。しかし「ＱＥファンド」は、買い建てに特化している点に特徴がある。そのため、投資対象が値上がりしなければ利益は得られない。インフレを前提とするファンドと言える。

買い建てに限定する点では運用の自由度は高いとは言えないが、このファンドの戦略は実は合理的とも言える。実際、五〇年や一〇〇年といった長期で見れば、株式をはじめ多くのものが値上がりしている。その点でインフレを前提とする「QEファンド」の運用は、理に適《かな》っている。

もちろん、世界経済はしばしば不況や金融危機、市場の暴落に見舞われる。そのような時期には、株式をはじめ多くのものが値下がりするから、「QEファンド」にとっては非常に厳しい環境となる。コロナショックの際も、かなりの打撃を受けた。二〇二〇年二月から三月にかけての二ヵ月間で、「QEファンド」は三三・八%も下落した。

しかし、このような状況はそう長くは続かない。各国の大規模な金融緩和や財政出動もあり、株式市場は急回復。それに歩調を合わせるように「QEファンド」も順調に収益を上げ、同年四月から一二月までの九ヵ月間で約五五・五%上昇し、同年末には早々とコロナショック前の高値を更新した。

このように、「QEファンド」は株式市場が暴落するような危機には弱く大きく下落するものの、ほどなくして力強く回復し順調に収益を上げてきた。それ

「QEファンド」のチャートと直近3年の成績

■「QEファンド」チャート

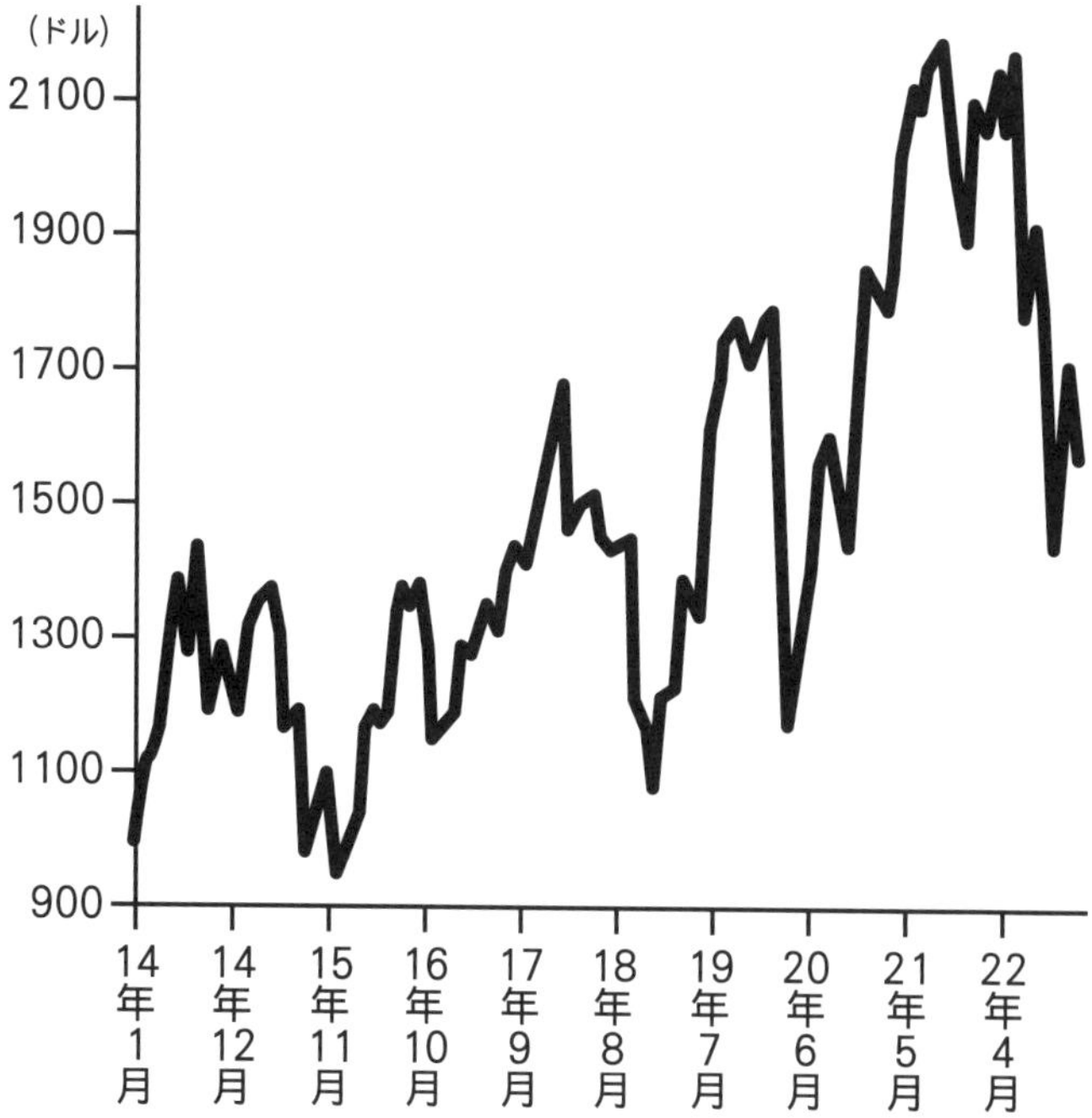

■「QEファンド」直近3年の成績

(単位：%)

	1月	2月	3月	4月	5月	6月	7月	8月	9月	10月	11月	12月	年初来
2020年	0.81	−6.76	−28.98	7.20	5.19	3.89	13.45	1.21	−2.51	−6.43	14.63	10.45	3.76
2021年	−0.61	−1.66	1.56	10.83	5.01	−1.71	3.25	1.52	−2.76	−4.42	−6.74	10.17	13.64
2022年	−0.79	−0.24	3.49	−3.83	4.56	−16.97	6.60	−5.38	−19.57	10.91	5.35	−7.17	−24.75

は、「QEファンド」の右肩上がりのチャートにもよく表れている。二〇一四年一月に運用が始まり、二〇二二年一二月末時点で五六・九％上昇している。ちなみに、直近の二〇二二年は各国中央銀行の急激な金融引き締めにより株式相場と債券相場が大きく下落したため、「QEファンド」の年間成績もマイナス二四・七五％と大きく落ち込んでおり、投資するには良いタイミングと見ている。値動きが大きいファンドのため、「QEファンド」への投資は資産全体のごく一部に留めるべきだが、収益期待の高い魅力的なファンドだ。「QEファンド」には、一〇万ドル（約一三五〇万円）から投資できる。

「ACファンド」「MCファンド」

「ACファンド」と「MCファンド」は、いずれも高い配当を出すファンドだ。年間配当金を株価で割った配当利回りは、「ACファンド」が八～一〇％程度、「MCファンド」が六～八％程度で推移している。仮に五〇〇〇万円分投資した場合、「ＡＣファンド」なら年間四〇～五〇万円程度、「ＭＣファンド」なら年間三〇～四〇万円程度の配当が得られる計算になる。「ＡＣファンド」は二〇〇四年以来、「ＭＣファンド」は二〇〇七年の運用開始以来、現在までこの高水準の配当が順調に支払われている。

高配当株の場合、せっかく高配当が得られても株価の下落によりトータルでは損失となるケースが少なくないが、「ＡＣファンド」と「ＭＣファンド」については二〇二二年末時点で株価はいずれも運用開始時を上回っており、トータルで高い収益を上げている。両ファンドとも、株価自体はそれほど大きく上がっているわけではない。

しかしチャートに示したように、支払われた配当を再投資した場合の実質的な株価は大きく上昇している。「ＡＣファンド」が約一九年で八・三倍、「ＭＣファンド」が約一六年で八・九倍に達している。その間の年率リターンは「ＡＣファンド」が一二・二％、「ＭＣファンド」が一五・四％となっている。

両ファンドとも主に先進国の中堅企業に投融資し、そこから得られる利息や

「ACファンド」チャート(配当再投資ベース)

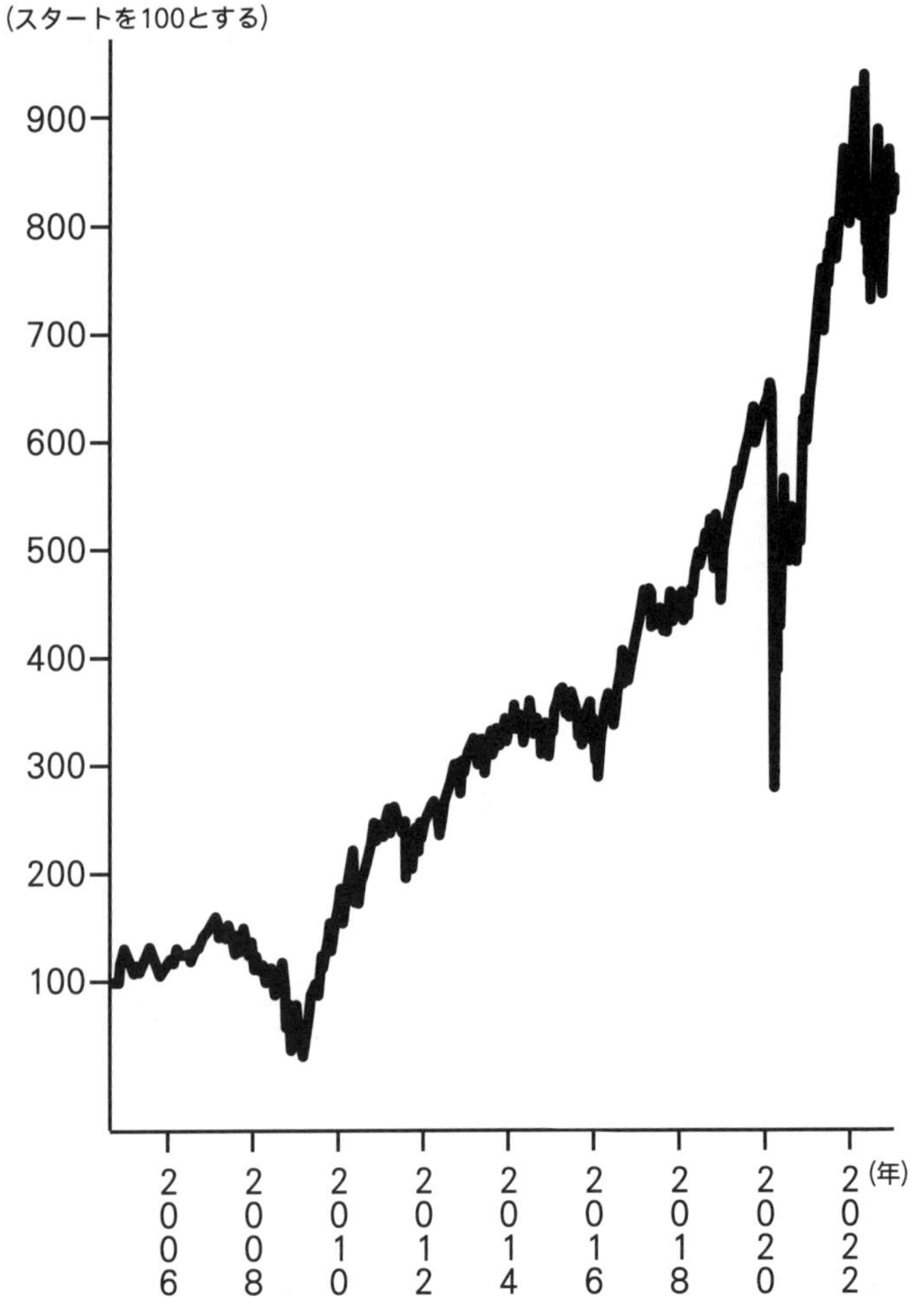

「MCファンド」チャート（配当再投資ベース）

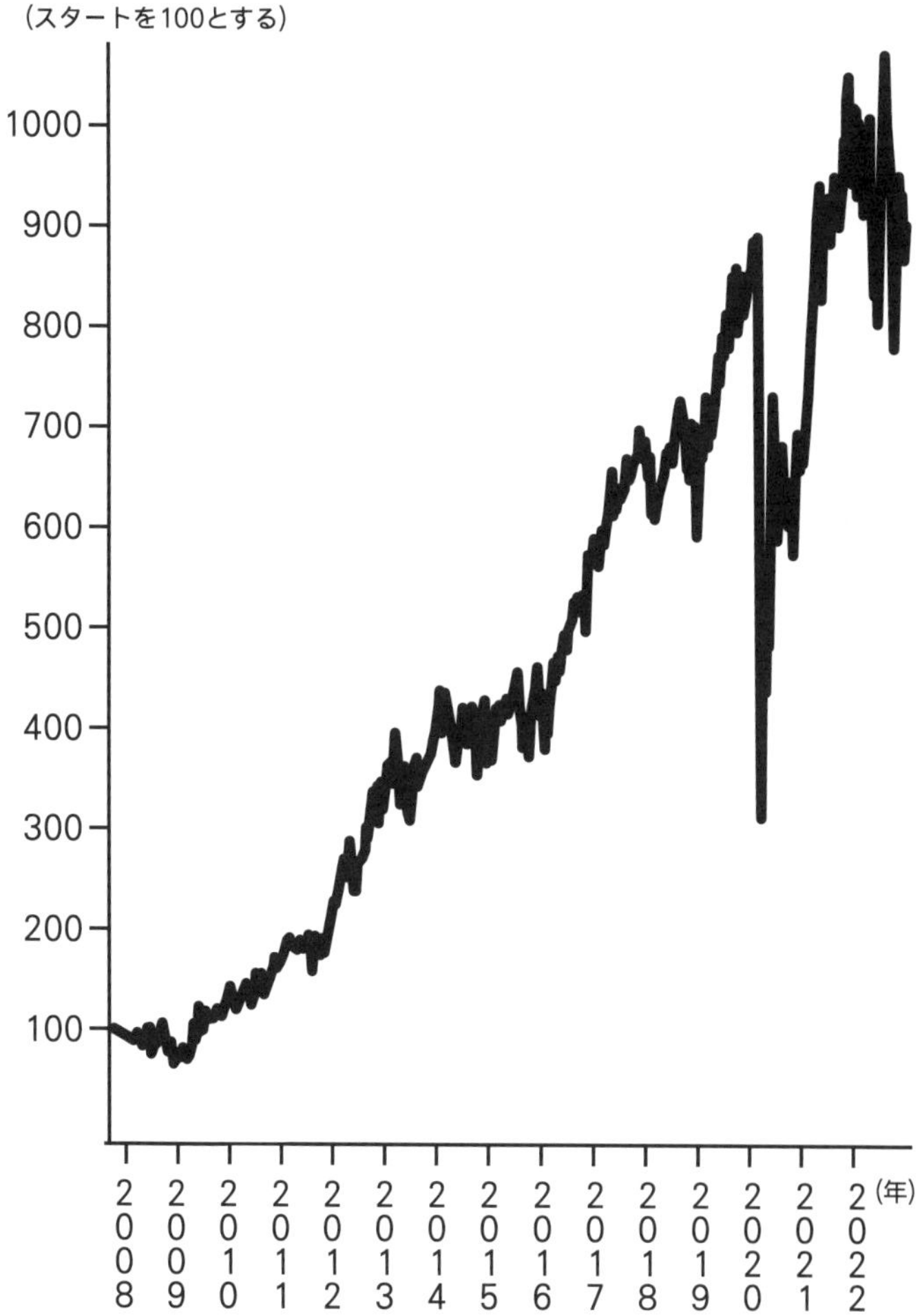

配当を収益源とする。一般的に、中堅企業の信用力は大企業と比べると低いから、その分融資の際に高い利息が得られる。ただ、先進国の中堅企業向けの融資だと、ここまで高い配当を支払い続けることは難しい。実は、「ACファンド」と「MCファンド」は特殊なスキームで運用されているため、所在国における税優遇を受けている。これがファンドの収益をさらに押し上げ、高水準の配当を実現しているのだ。

普段の値動きは比較的安定しているが、株式市場の暴落や金融危機には非常に弱い。二〇〇八年のリーマン・ショックの際には、両ファンドとも大暴落した。当時の最高値からの最大下落率は、「MCファンド」が四六%とほぼ半値になり、「ACファンド」にいたっては八五%、つまりほぼ七分の一になってしまった。ここまで暴落してしまうと、回復は容易ではない。株価が半値になってしまえば、そこから二倍になってようやく元の株価に戻る。ましてや、七分の一になってしまったら七倍にならなければ元の株価には戻らない。回復は、極めて困難だ。

ところが、高水準の配当と株価の回復により、「ＡＣファンド」は当時の最高値から五年後、「ＭＣファンド」は当時の最高値から三年後には株価と配当を合計したトータルリターンがプラスになっている。当時の最高値、つまり最悪のタイミングで全額投資して大暴落に巻き込まれたとしても、最長でも五年後には損失は解消されプラスになったということだ。

二〇二〇年のコロナショックの際も、やはり両ファンドとも大暴落した。コロナショック直前の高値からの最大下落率は、「ＡＣファンド」が五八％、「ＭＣファンド」が六五％に達した。株価は、「ＡＣファンド」が半値以下、「ＭＣファンド」は約三分の一になったわけだ。しかしこの時も、「ＡＣファンド」と「ＭＣファンド」は素晴らしい回復を見せている。翌二〇二一年四月には、株価と配当を合計したトータルリターンがプラスになっている。これほど大きな含み損を、わずか一年強で解消してしまったのだ。

このように、両ファンドとも数年以上保有を続けた場合、損失になったケースは過去に一度もない。しかも、これはリーマン・ショックとコロナショックという最悪の状況下での成績だ。

いずれにせよ、たとえ大暴落に巻き込まれたとしても、長期保有することで収益を上げられる可能性が非常に高いファンドと言えるだろう。

「EPファンド」「DPファンド」

「EPファンド」と「DPファンド」も高配当ファンドだ。年間配当金を株価で割った配当利回りは、両ファンドとも七~九%程度で推移している。この二つのファンドのすごいところは、高配当というだけでなく配当金額を毎年増やし続けていることだ。「EPファンド」は一九九八年、「DPファンド」は二〇一二年の運用開始以来、毎年配当を増やし続けているのだ。

このような連続増配銘柄の場合、投資家自身が当初投資した金額に対する配当利回りは、時間の経過と共に上昇して行く。

たとえば「EPファンド」に運用開始時から投資を続けている投資家の場合、

当初の配当利回りは七・八％と現在とあまり変わらないが、現在の投資家の配当利回りは実に三四・九％に達する。一〇〇万円投資していたら、年に三四万九〇〇〇円の配当金が得られるということだ。「ＤＰファンド」に運用開始時から投資を続けている場合も、当初の配当利回りは六・三％と現在とあまり変わらないが、現在の投資家の配当利回りは一七・五％に達する。一〇〇万円投資していた場合、年に一七万五〇〇〇円の配当金が得られることになる。

一二六～一二七ページのチャートに示したように、「ＥＰファンド」「ＤＰファンド」とも、支払われた配当を再投資した場合の実質的な株価は大きく上昇している。「ＥＰファンド」が約二四年で一九・八倍、「ＤＰファンド」が約一〇年で四・五倍に達している。その間の年率リターンは、「ＥＰファンド」が一三・六％、「ＤＰファンド」が一六・四％となっている。

つまり、「ＥＰファンド」に運用開始時から投資していた場合、投資額に対して年間三四・九％もの超高配当が得られ、配当金も含めた全体の年率リターンは一三・六％に達し、全体の資産は一九・八倍に殖えたことになる。また、「Ｄ

「EPファンド」チャート（配当再投資ベース）

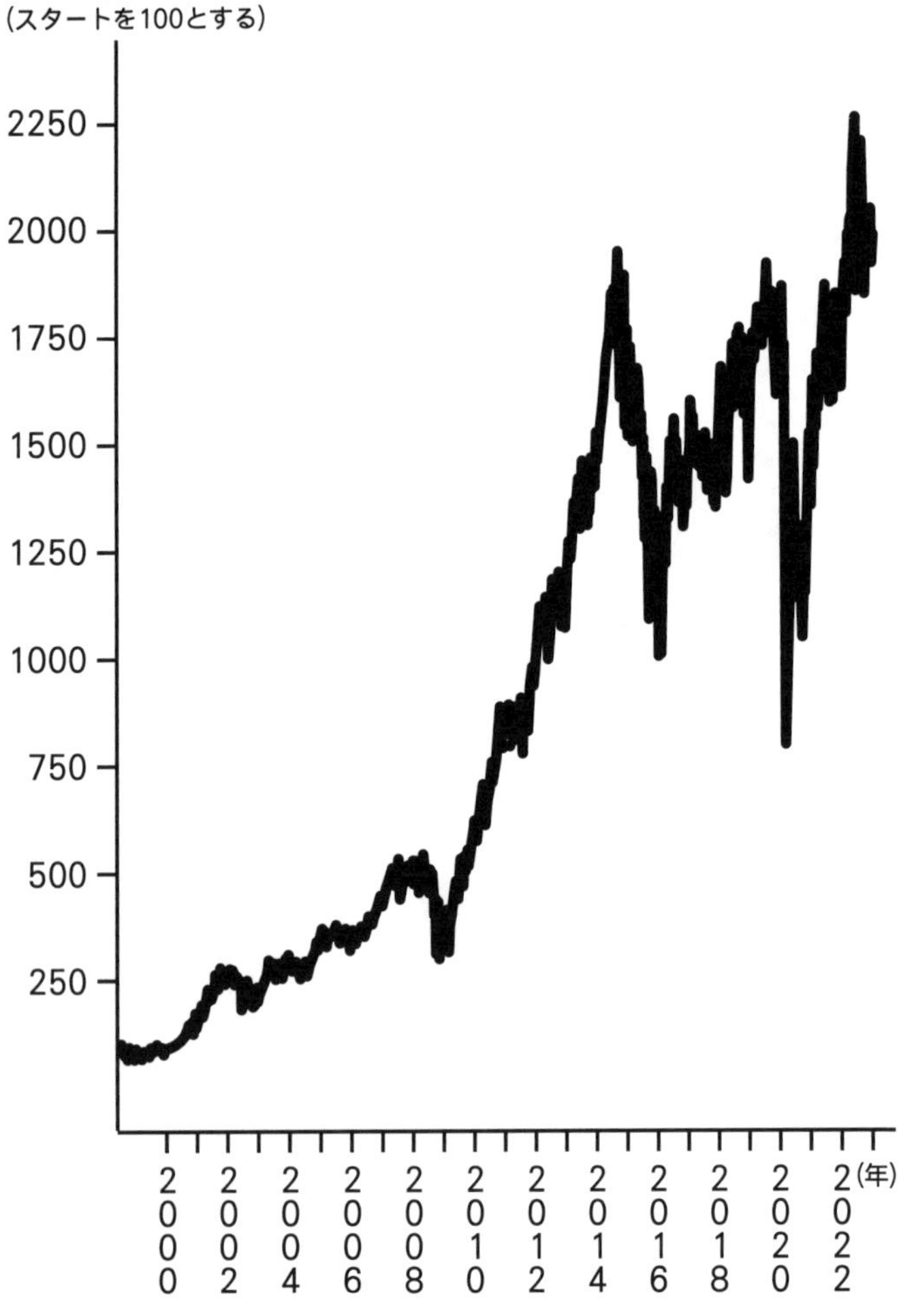

「DPファンド」チャート（配当再投資ベース）

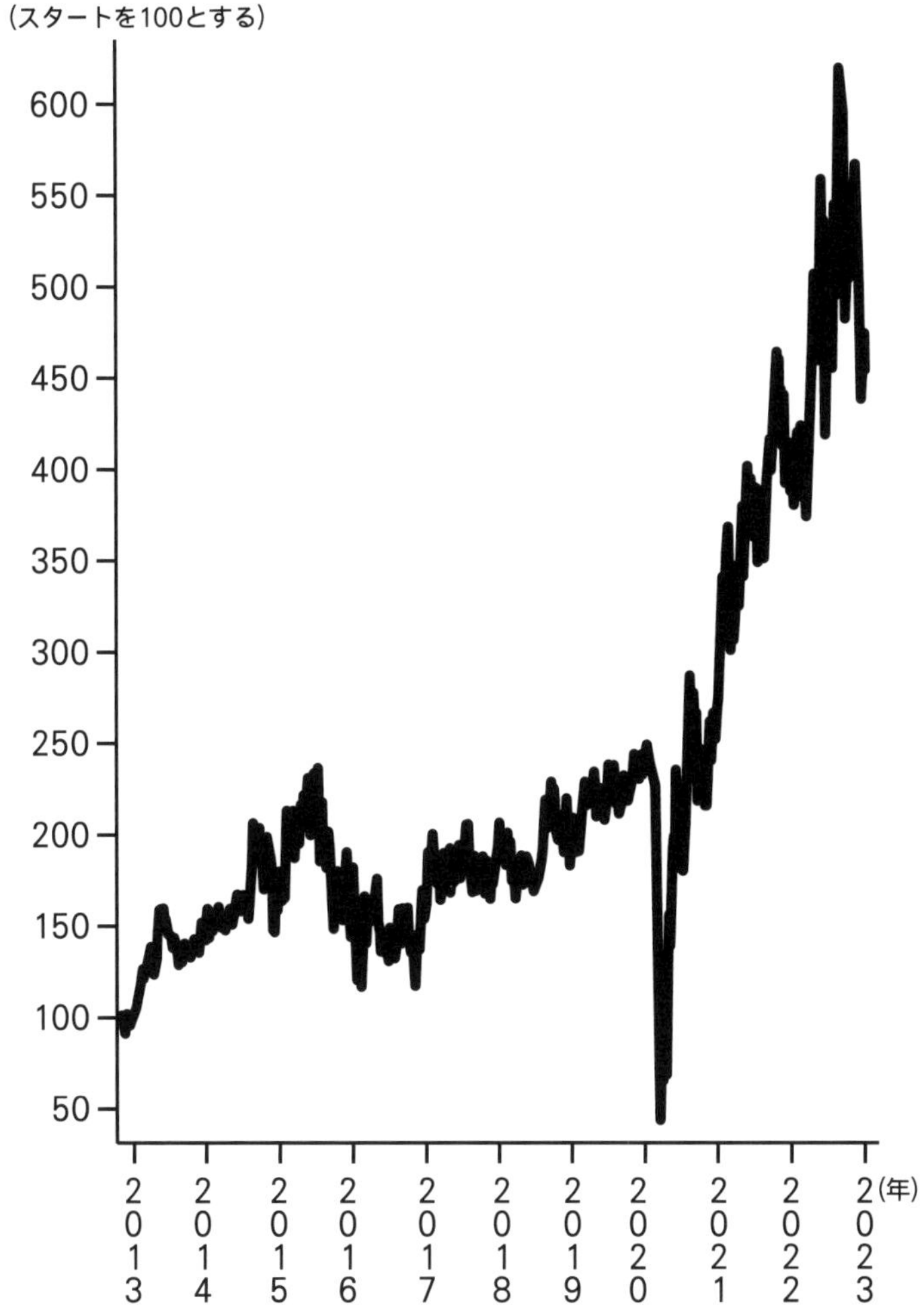

Pファンド」に運用開始時から投資していた場合は、投資額に対して得られる配当は年間一七・五％、配当金も含めた全体の年率リターンは一六・四％に達し、全体の資産は四・五倍に殖えたわけだ。

「EPファンド」と「DPファンド」は、いずれも石油や天然ガスなどのエネルギー関連施設に投資するファンドだ。そのため、株価自体はエネルギー価格との連動性が高く、原油価格が暴落する局面では両ファンドの株価も暴落する傾向が見られる。しかし、この二つのファンドはエネルギー関連施設に投資し、そこから得られる利用料を収益源とする。そのため、エネルギー価格の直接の影響を受けにくいという特徴がある。両ファンドの運用期間中で見ても、原油相場は何度も暴落している。それにも関わらず、高配当を減らすどころか逆に毎年増やし続けることができるのは、このような仕組みによる。

また、「EPファンド」「DPファンド」も所在国における税優遇を受けており、ファンドの高い収益と高水準の配当支払いを後押ししている。両ファンドとも高水準のキャピタルゲイン（値上がり益）とインカムゲイン（配当収入）

を両立してきた希少なファンドであり、資産を大きく殖やしたい人にとっても、資産を活用して定期収入を得たい人にとっても、非常に魅力のあるファンドと言える。

二〇年ほったらかし運用Ⅰ――「大きく殖やす編」

魅力的な海外ファンドをいくつか見てきたが、これらのファンドを使って二〇年間ほったらかして運用した場合を、「大きく殖やす編」と「副収入を確保する編」の二つに分けてシミュレーションしてみる。

「大きく殖やす編」は比較的若い人（五〇歳以下が目安）向け、「副収入を確保する編」は比較的年配の人（六〇歳以上が目安）向けにファンドを組み合わせた。いずれのファンドも、二〇二二年末時点における実績の年率リターンおよび配当利回りを使って算出した。

では早速、「大きく殖やす編」を見て行こう。五〇歳以下の比較的若い人向けに、多少のリスクをとってでも老後に向け資産を大きく殖やすことに主眼をおく。利用するファンドは、危機に強いMF戦略ファンドの「Tファンド」、平時およびインフレに強い「QEファンド」、安定したキャッシュフローと現地課税の優遇により高いリターンを上げてきた「MCファンド」と「DPファンド」の四本だ。

「Tファンド」の年率リターンは、約九・二%だ。この年率リターンで二〇年間運用できたとすると、元本は五・八倍に殖える。「QEファンド」の年率リターンは、五・一%だ。二〇年間運用すると、元本は二・七倍に殖える。「QEファンド」は運用開始から九年ほどと比較的短いため、二〇二二年の大幅なマイナスが年率リターンを大きく引き下げた。ちなみに一年前の二〇二一年末時点の年率リターンは一〇・〇%であった。今回のシミュレーションではあくまでも直近の実績を使用するが、過去の運用成績を踏まえると期待されるリターンはもっと高い(たとえば年率一〇〜一五%程度)と考えてよさそうだ。「MCファンド」は年率リターン一五・四%だから、二〇年後に元本は一七・五倍に

20年ほったらかし運用Ⅰ「大きく殖やす編」

■投資資金40万ドルの場合

ファンド名	年率リターン	投資額	20年後の評価額
「Tファンド」	9.2%	10万ドル➡	58万ドル
「QEファンド」	5.1%	10万ドル➡	27万ドル
「MCファンド」	15.4%	10万ドル➡	175万ドル
「DPファンド」	16.4%	10万ドル➡	208万ドル
合計		40万ドル（約5,400万円）➡	468万ドル（約6億3180万円）

■投資資金3万ドルの場合

ファンド名	年率リターン	投資額	20年後の評価額
「T−ミニ」	2.9%	1万ドル➡	1.7万ドル
「MCファンド」	15.4%	1万ドル➡	17.5万ドル
「DPファンド」	16.4%	1万ドル➡	20.8万ドル
合計		3万ドル（約405万円）➡	40万ドル（約5,400万円）

殖える。「DPファンド」は年率リターン一六・四%だから、二〇年後に元本は二〇・八倍に殖える（いずれも配当を再投資した場合）。「MCファンド」「DPファンド」はいずれも高配当が魅力のファンドだが、資産を殖やすことに重点をおく場合は、配当は受けとらずすべて再投資に回した方がよい。

「Tファンド」と「QEファンド」は最低投資額が一〇万ドルのため、四本のファンドすべてに一〇万ドルずつ投資したとすると、一三一ページの図に示したように、投資した四〇万ドル（約五四〇〇万円）は二〇年後には四六八万ドル（約六億三一八〇万円）に殖える計算だ。実に、元本の一一・七倍になる。

「四〇万ドルも投資できない」という人も心配ない。「Tファンド」とほぼ同じ運用を行なう「T－ミニ」なら一万ドルから投資できるから、「QEファンド」を外して「T－ミニ」「MCファンド」「DPファンド」にそれぞれ一万ドルずつ投資する方法がある。すると、投資した三万ドル（約四〇五万円）は二〇年後には四〇万ドル（約五四〇〇万円）に殖える計算だ。やはり、元本は一〇倍以上になる。

二〇年ほったらかし運用Ⅱ――「副収入を確保する編」

「副収入を確保する編」は、六〇歳以上の比較的年配の人向けに、安定的かつ高水準の配当収入の獲得を目指し、それを老後の生活費の一部にあてる作戦だ。組み合わせるファンドは、運用開始以来八年以上、一度も下落したことがない「ATファンド」、それなりの値動きはあるものの高いトータルリターンを維持しつつ高配当を出し続けてきた「ACファンド」と「EPファンド」の三本だ。

「ATファンド」は配当は出さないが、非常に安定的に収益を上げ続けているので数年ごとに投資額の一部を解約して使って行くとよい。「ATファンド」の最低投資額は二万五〇〇〇ドルだ。一万ドル以上残し、一万ドル以上から部分解約が可能だ。直近（二〇二二年一二月末時点）の「ATファンド」の年率リターンは六・一％だ。仮に一〇万ドルを「ATファンド」に投資すると、二年で約一万二〇〇〇ドル殖える。二年ごとに一万ドルずつ解約して生活費の足しにするという使い方ができる。

「ACファンド」と「EPファンド」については、支払われる配当金をそのまま使えばよい。便宜上、「ATファンド」の年率リターン六・一％を配当利回りとみなして計算すると、各ファンドに一〇万ドルずつ投資した場合、一年間に得られる配当金額は二万四〇〇〇ドル（約三二四万円）になる。

もう少し少額でのシミュレーションもしてみよう。最低投資額の二万五〇〇〇ドルを「ATファンド」に投資すると、六年で約一万ドル殖えるから、六年ごとに一万ドルずつ解約して生活費にあてることができる。「ATファンド」「ACファンド」「EPファンド」にそれぞれ二万五〇〇〇ドルずつ投資した場合、一年間に得られる配当金額は六〇〇〇ドル（約八一万円）になる。ちょうど、国民年金（基礎年金）の満額の支給額とほぼ同額だ。このくらいの副収入を毎年得られれば、生活に大分ゆとりが生まれるという人も少なくないだろう。

20年ほったらかし運用Ⅱ「副収入を確保する編」

■投資資金30万ドルの場合

ファンド名	配当利回り	投資額	年間配当額
「ATファンド」	6.1%	10万ドル	6,100ドル
「ACファンド」	10.1%	10万ドル	10,100ドル
「EPファンド」	7.8%	10万ドル	7,800ドル
合計		30万ドル（約4,050万円）	2万4,000ドル（約324万円）

㊟評価額ではなく、配当額である

■投資資金7万5000ドルの場合

ファンド名	配当利回り	投資額	年間配当額
「ATファンド」	6.1%	2万5000ドル	1,525ドル
「ACファンド」	10.1%	2万5000ドル	2,525ドル
「EPファンド」	7.8%	2万5000ドル	1,950ドル
合計		7万5,000ドル（約1012万5000円）	6,000ドル（約81万円）

※「ATファンド」については便宜上、年率リターンを配当利回りとして計算

海外ファンド投資は誰にもできる!

多くの日本人にとって、海外ファンドは馴染《なじ》みがないものだ。「私にできるだろうか?」と不安に感じる人も多いだろう。しかし、海外ファンド投資は決して難しいものではない。多少の手間こそかかるが、誰にでもできるものだ。

語学が心配という人もいるだろうが、これも心配いらない。確かに海外ファンド投資には英語が付きものだし、基本的に書類はすべて英語だ。しかし、たとえば投資申込書に記入する項目は申込日、氏名、住所、生年月日、国籍、投資するファンド名、投資金額、署名(サイン)など、世間にあふれる様々な申込書と大差ない。これらを英語で書かなければならないが、記入見本も添付されるし、ローマ字の読み書きさえできれば問題なく作成できる内容だ。

また、海外ファンドに投資する際、海外現地に出向く必要はない。日本国内にいながら、申込書のやりとりも送金も可能だ。もちろん、解約する際も日本にいながら手続きができ、自分の銀行口座に返金してもらえるから安心だ。

このように、手続き自体は難しくないのだが、それでも書類やお金を海外とやりとりする以上、どうしてもトラブルは発生する。「ファンドへの送金が上手く行かない」「ファンド会社から送られてくるはずの書類が届かない」といったトラブルはごくたまにある。ただし、これについても過度に心配する必要はない。たとえるなら、海外旅行時のロストバゲージのようなものだ。飛行機への積み込みミスなどが起きるため、ロストバゲージも一〇〇％防ぐことはできない。しかし、到着地で荷物が受けとれず不便は強いられるものの、たいていは遅れて到着する。運悪くロストバゲージに遭っても、航空会社のスタッフにその旨を伝えればよいわけだ。ファンドの手続きについても、トラブルを個人投資家が自力で解決するのは容易ではないが、信頼できるアドバイザーを利用すれば問題解決は難しいことではない。

ちなみに、私自身も主に海外ファンドや海外口座を対象とする会員制アドバイザリー組織を主宰している。資産規模別に「プラチナクラブ」「ロイヤル資産クラブ」「自分年金クラブ」という三つのクラブがある（詳しくは巻末のお知らせを参照）。最初に「ロイヤル資産クラブ」を設立して以来、一三年間運営しているが「送金したお金がファンドに届かず、手元にも戻ってこなかった」とか「投資した海外ファンドが詐欺ファンドでお金を騙しとられた」などという致命的なトラブルは一切ない。アドバイザーは私が主宰するクラブだけではないが、アドバイザーを利用する際は信頼性をしっかり見極める必要がある。

実践！　海外ファンド投資の方法

無用のトラブルを避けるためにも、海外ファンドに投資する際は信頼できるアドバイザーを利用するのが賢明だ。自分の年齢や資産規模、運用に対する希望や考え（高いリスクをとっても高いリターンを望むのか、あるいはリターンはそれほど高くなくてもよいのでなるべくリスクを抑えた運用を望むのかなど）などを基にアドバイザーとも相談しながら、どのファンドにどのくらい投資するかを決める。

海外ファンドも含め、リスクのない投資というのは存在しないから、どんなに素晴らしいファンド、安全なファンドだと思っても、一極集中投資をしてはならない。分散投資が基本になる。たとえば、市場が安定している時に強いファンドと市場が動揺している時に強いファンドというように、性質の異なるファンドを組み合わせるのが一般的だ。

投資するファンドを決めたら、いよいよ申し込み手続きだ。手続きの要領や必要な書類などはファンド会社や個々のファンドによって多少異なるが、ここでは多くのファンドに共通する基本的な流れについて触れておこう。

まずは、ファンド会社から希望するファンドの申込書をとり寄せる。申込書一式が届いたら、記入見本を参考にしながら申込書に必要事項を記入し、必要書類を同封して返送する。必要書類としてはパスポートのコピーと住所確認書類（運転免許証や住民票の写しなど）を求めるファンドが多い。

次に、投資する金額をファンド名義の銀行口座に送金する。外国送金になるケースがほとんどだ。口座のある銀行に出向き、自分名義の銀行口座から海外にあるファンド名義の銀行口座への送金を依頼する。外国送金に馴染みのない人も多いと思うが、それほど難しいものではない。日本の銀行の場合、「外国送金依頼書兼告知書」という書類に記入して銀行窓口に提出するだけだ。記入事項は自分の氏名、住所、送金元の銀行名、支店名、口座番号、送金先の口座名義（ファンド名）、送金先の住所、送金先の銀行名、支店名、口座番号、銀行の住所などだ。これを英語で書かなければならないが、送金先（ファンド）の情報は最初に送られてくる申込書一式に同封されているので、それをただ転記するだけだ。申込書と同様、ローマ字の読み書きさえできれば誰でも作成できる。

外国送金特有の記入事項としては、ＳＷＩＦＴコードと経由銀行（コルレス銀行）がある。ＳＷＩＦＴコードは外国送金の際に銀行を特定するコードだ。たとえば、日銀なら「ＢＯＪＰＪＰＪＴ」というように、世界のほとんどの銀行にＳＷＩＦＴコードが定められているから、ただそれを記入すればよい。外国送金の場合、送金元の銀行から送金先の銀行に直接送金されないケースも多い。その際、両銀行の間に入るのが経由銀行だ。経由銀行はファンド会社が指定する場合と、送金元の銀行あるいは送金先の銀行で指定される場合がある。

ちなみに、銀行名は銀行ごとに定められた英語表記があるのでそれに従う。○○銀行の英語表記は「Marumaru Bank」とは限らない。「The Bank of Marumaru」とか「Marumaru Banking Corporation」など銀行によって表記は異なるから、「有名な銀行だからわかるだろう」などと適当に書いてはいけない。トラブルの元だ。必ず銀行に確認し、正式な英語表記を記入しよう。

ファンドの購入に際し、投資家が行なうことは申し込みと送金の二点だけだ。それが終われば、後は買付を待つだけだ。ファンドにより、買付・解約が毎日できるもの、毎週できるもの、毎月できるものなどがある。無事に買付ができると、ファンド会社から買付の明細書が送られてくる。もちろん英語の書類だが、慣れれば簡単に理解できる。それもそのはず、書いてある内容と言えば、投資家の住所、氏名、ファンド名、取引日、投資金額、基準価格（ファンドの単価で株価に相当する）、口数など数字が中心だからだ。よくわからなければ、利用するアドバイザーに尋ねれば問題ない。記載事項に誤りがないか、しっかり確認しよう。

その後は解約するまで保有するだけだから、特に何かやらなければならないことはない。基本的には「ほったらかし」でOKだ。

ただし、いかなる投資についても言えることだが、買った後、完全に放置するというのはいただけない。ファンドが順調に運用されているか定期的にチェックはするべきだ。買付・解約のサイクルに従い、ファンドの基準価格が日ごと、週ごと、月ごとに発表される。郵送または電子メールで定期的に報告書が送られてくる。ファンド会社のホームページで確認することも可能だ。報告書、ホームページとも英語になるが、やはり基準価格や騰落率、評価額など数字が中心になるから、たいして難しいものではない。

どのファンドにも得意な市場環境と苦手な市場環境があるから、運用成績が常に順調に推移するとは限らない。成績が低迷すると、誰でも不安になる。そんな時にこそ、アドバイザーが頼りになる。個々のファンドの性質とその時の市場環境を見て、合理的に説明が付く成績不振であれば基本的には問題ない。そのファンドが得意とする市場環境に変われば、運用成績の好転が見込めるからだ。しかし、そのファンドが得意とする市場環境下にも関わらず、損失を出すような場合は注意が必要だ。

また、合理的に説明が付く成績不振であっても、それがあまりにも長期間続く場合は解約も視野に入れるということになる。海外ファンドの運用は複雑で高度なものも多いから、そのような判断を海外ファンドの初心者が自力で行なうのは容易ではない。やはり、専門のアドバイザーの力を借りるのが無難だ。

さらに、海外ファンドを長期間保有していると、時折見慣れない書類が送られてくることもある。それらの中には何かしらの対応を必要とするものもある。たとえば、新たに設けられた現地の法規制に対応するために、投資家に書類の提出や署名を求めるといったケースだ。「英語で書かれていてよくわからない」と重要な書類を放置すると、後々、非常に厄介な対応に時間とコストをかける羽目にもなりかねない。そのような時も、アドバイザーに聞けばどういう内容でどういう対応が必要になるか教えてくれるはずだ。

ちなみに、海外ファンドの解約手続きも買付申し込みと同じく、日本にいながらできる。ファンド会社から解約申込書をとり寄せ、記入見本を見ながら必要事項を記入し、必要書類を同封して返送すればＯＫだ。後日、解約申込書に記入した投資家本人名義の銀行口座に資金が送られてくる。また、ファンド会社から解約の明細書が送られてくるので、記載事項に誤りがないか確認しよう。

なお、「ＡＣファンド」「ＭＣファンド」「ＥＰファンド」「ＤＰファンド」については投資手続きが異なる。これら四本のファンドは海外の証券取引所に上場しているため、外国株と同じように世界中の金融機関を通じて売買できる。一部のファンドは、日本の証券会社でもとり扱いがある。とり扱う金融機関に口座を保有していれば、ネットや電話を利用して買付も解約も簡単にできる。

ぜひ、頼れるアドバイザーを味方に付け、魅力ある海外ファンド投資への一歩を踏み出していただきたい。

第四章　将来は円安でドル建て資産は倍増

幸福はお金では買えないと言った人々は、どこで買えばいいか知らなかったのだ。
（ガートルード・スタイン：アメリカの作家、詩人）

日本円よりも〝米ドル〟で運用しよう

今、投資を行なっている人にもこれから投資を始める人にも、共通してお伝えしたいアドバイスがある。それは、「これからは日本円ではなく、米ドルで運用しよう」ということである。特に、長期のほったらかしで運用するのであれば断然ドルがオススメだ。

その理由は二つある。一つ目は、日本円よりもドルの方が運用しやすいため、そしてもう一つは、長期で見た時には為替は「円安ドル高」となると考えられるためである。

日本円よりもドルの方が圧倒的に運用しやすい――これは自明の理で、ドルは世界の基軸通貨として圧倒的に流通量が多く、ドルでのやりとりが最も多く収益機会も他の通貨より多い。投資商品も、ドル建てのものは他の通貨建てと比較にならないほど多い。もちろん場所を日本だけに限れば日本円建ての投資商品がほとんどだが、魅力的な投資商品を得るために世界中に視野を広げると日本円建ての投資商品はほぼなく、ほとんどがドル建てであることに気が付く。

このように、今までも日本円よりドルの方が運用しやすかったという事実はあるが、最近ではさらにもう一つドルの方が圧倒的に有利な要因が出てきている。それは、〝金利差〟だ。

現在、世界規模でインフレが進み、そのインフレの対抗策として主要先進国では二〇二二年からこぞって利上げをしてきた。アメリカはその先頭ランナーで、二〇二二年三月から二〇二三年一月までに合計八回の利上げが行なわれ、〇・二五%だった政策金利は四・七五%と四・五%も大幅な利上げをしている。これにより、ドルで一年の定期預金を組んだ場合には、日本でも四・五%以上の金利を付ける銀行が登場しており、二年物米国債や一〇年物米国債では四%以上もの利回りが付くようになっている。

これに対して日本の政策金利は、ここ数年ずっとマイナス〇・一%のままで一年の定期預金を組んでもほとんど金利は付かない。ベースとなる預金や国債にそれなりの金利が付けば、運用にはプラスに働く。逆にほとんど金利が付かないのであれば、運用へのプラスの影響は望めない。この、広がっている日本とアメリカとの金利差から、日本円よりもドルの方が運用しやすいのである。

次に、もう一つのドルをお勧めする理由である、「将来の円安ドル高」を見てみよう。為替を動かす要因は数多くあり、先ほど見た金利差もその要因の一つに挙げられる。金利が高い方が運用に有利となり、その通貨は高くなる傾向にある。二〇二二年は、まさにそのようなアメリカの利上げによる為替相場が体現されており、二〇二二年年初に一ドル＝一一五円台だった為替は、アメリカの利上げと共にほぼ一本調子にドル高へと推移している。そして、その年の一〇月二一日に、実に三二年振りの水準となる一ドル＝一五一・九四円の高値を付けたのである。

為替の動きはいくつかの要因が複雑に絡み合いながら、しかも、その時ごとに重視されるポイントを変化させながら動いて行く。そのため、「為替の予測は困難」と言われているわけで、二〇二二年のようにこれだけはっきりと一つの要因（金利差）で動くことも珍しい。そして、これを単なる為替の気まぐれな動きととらえてはいけない。三二年振りの円安という意味を、もっと深刻に受け止めるべきである。すでに、日本円の立場は相当弱くなっているのだ。

これは、別のところにも表れている。数年前までは「有事の円」ということで、金融危機が発生した際には円高の方向に振れていた。ところが最近は、この有事の円という言葉自体がほとんど聞かれなくなっている。日本円の立場は今後さらに弱くなり、それは将来、極端な円安という形で表れてくるに違いない。その要因、そして円が将来どこまで安くなるのか、順を追って見て行こう。

金利を上げられない日本

二〇二二年は、アメリカだけでなく欧州、イギリス、カナダ、オーストラリア、ニュージーランド、スイスなど主要国のほとんどが利上げをしている。それも一回、二回ではなく、複数回にわたり大幅に利上げを行なっている。

主要先進国の政策金利の推移（2022年）

（％）

	1月	2月	3月	4月	5月	6月	7月	8月	9月	10月	11月	12月
日本	−0.10	−0.10	−0.10	−0.10	−0.10	−0.10	−0.10	−0.10	−0.10	−0.10	−0.10	**−0.10**
アメリカ	0.25	0.25	0.50	0.50	1.00	1.75	2.50	2.50	3.25	3.25	4.00	**4.50**
欧州	0.00	0.00	0.00	0.00	0.00	0.00	0.50	0.50	1.25	2.00	2.00	**2.50**
イギリス	0.25	0.25	0.50	0.50	1.00	1.75	2.50	2.50	3.25	3.25	4.00	**4.50**
カナダ	0.25	0.25	0.50	1.00	1.00	1.50	2.50	2.50	3.25	3.75	3.75	**4.25**
豪州	0.10	0.10	0.10	0.10	0.35	0.85	1.35	1.85	2.35	2.60	2.85	**3.10**
NZ	0.75	1.00	1.00	1.50	2.00	2.00	2.50	3.00	3.00	3.50	4.25	**4.25**
スイス	−0.75	−0.75	−0.75	−0.75	−0.75	−0.25	−0.25	−0.25	0.50	0.50	0.50	**1.00**

それに対して日本だけが利上げをしておらず、いまだに唯一マイナス金利を継続している。インフレが諸外国だけの問題であればそれも納得できるが、そうではない。日本でもインフレは確実に進行しており、食料品や雑貨品などあらゆるものの値段が上昇し、国民の生活を圧迫している。

では、なぜ日本だけが利上げをしないのか。なぜ、こうした不自然な状況に陥っているのか。それは、日本の場合利上げをしたくてもできないという、構造的な問題を抱えているためだ。

日本が他の主要先進国の状況と異なるのは、国の借金が著しく多すぎる点である。日本国の債務残高はＧＤＰ比で二六〇％を超えており、これは他のＧ７の国と比べて突出して多い（アメリカは日本の半分以下の一二六％）。世界の政府総債務残高（ＧＤＰ比）ランキングでは、すでに破綻して問題が噴出しているベネズエラに次いでワースト二位という、なんとも不名誉な立場にある。

単純に考えて借金が多いと利払いが多く、金利が上がればそれはさらに膨らむわけで、日本国が金利を上げられない理由はそこにある。なんともシンプルな話であるが、もう少し詳細を掘り下げる。

まず、国の借金が多いとは、国債の発行残高が大きいということだ。財務省の発表によると普通国債の残高は累増《るいぞう》の一途をたどり、二〇二三年三月末で一〇二九兆円に達する見込みである。また、日銀が直近で発表した資金循環を見ると、国債や国庫短期証券を含む国債などの残高は二〇二二年九月末時点で一二一四兆円であった。これだけ借金が大きいと元本を返済するのも大変だが、借金の最も怖い点は利息を払う必要があることで、その利息によって借金が雪だるま式に増えて行くのだ。

現在、日本国が国債という巨大な借金に対してどれくらいの利息を払っているのかを見ると、平均でならしてみて〇・七八％である。わずかな数字に見えるが、それでも二〇二二年度の国債費の中で「利子及割引料」には八・二兆円という巨費が計上されている。借金の額が大きすぎるため、利息の利率がわずかに見えても金額が大きくなってしまうのだ。これでは金利が少し上昇するだけでも大変なことになるわけで、仮に今すぐこの平均利率が一％上昇すれば、利息だけで一〇兆円以上の歳出を上乗せしなければならなくなる。国の立場からすると、金利上昇など容易に受け入れられることではないのだ。

そして、大量の借金を抱える国よりも利上げを容易に許容できない組織がある。それは、この日本国の中央銀行、「日銀」である。そもそも日銀の役割は〝通貨の番人〟で、日本円の価値を保つことにある。通貨円が安くなりそうな場合にはあらゆる手段で通貨の価値を守るわけだが、その最も効果的と重視されている方法は、金利を上昇させて通貨価値を上昇させる手段だ。

ところが、現在の日銀はその切り札でもある利上げを手放しでできない状況になっている。これは、二〇一二年一二月よりスタートしたアベノミクスに起因している。アベノミクスは「①大胆な金融政策」「②機動的な財政政策」「③民間投資を喚起する成長戦略」の三本の矢と呼ばれる経済政策を主軸に行なわれた。①の大胆な金融政策は、とにかくお金を市場にばら撒きインフレへ誘導する政策であった。②財政政策は大規模な予算を組み、必要な時に必要な額を大盤振る舞いする政策であった。そして、①②によってそれまで民主党政権時代から漂っていた閉塞感をかき消し、家計や企業の投資マインドを高めた上で、③の成長戦略ということで日本のＧＤＰを底上げしようとしたわけだ。

では、それがどういう結果になったかと言えば、最も重要であるはずの③の成長戦略は達成されることなく、①と②を際限なく行なうこととなったのである。当時の安倍首相は、のちに「日銀は政府の子会社」と発言して物議を醸《かも》した通り、上手く黒田総裁率いる日銀を抱き込み、ひたすら市場に資金供給をさせた。その一方で、政府は大規模な予算ということでこちらも国債を原資にばら撒き続け、そのツケをまた日銀に飛ばしたのである。この①と②の無限のループによって生み出されたのは、「日銀による大量の国債購入」であった。

日銀の国債の保有残高は、アベノミクスが始まる少し前から増加を始めている。それまでの数年九〇兆円ほどで推移していた残高は、二〇一二年九月末に初めて一〇〇兆円超えの一〇五兆円となった。それが一年後の二〇一三年九月末には、なんと一七〇兆円と六五兆円も増えているのだ。そして、そこからはひたすら増加の一途をたどり、二〇二二年に国債発行残高の半分を日銀が保有するという異例の事態となり、直近の二〇二三年一月末の日銀の国債保有残高は五八三・五兆円（うち、国債五七六・七兆円と国庫短期証券六・九兆円）にもなっている。二〇一二年九月末から見ると、五倍以上にもなっているのだ。

これだけの国債をよくもまあ抱えたものだと呆れるほどであるが、事態は想像以上に深刻である。これにより日銀は、完全に身動きがとれなくなっているからである。日銀が国債を大量に抱えたことによって、日銀のバランスシートが極端に肥大化している。

日銀は、そのホームページ上に「営業毎旬報告」として毎月一〇日、二〇日、月末と三回ずつ年三六回の頻度で、いわゆるバランスシートを公表している。ちょうどアベノミクスが開始された直後の二〇一三年一月一〇日時点のバランスシートを確認すると、日銀の資産と負債および純資産は、それぞれ一五七・九兆円になっている。それが直近の二〇二三年一月末では、それぞれ七三二・八兆円と四・六倍にも膨らんでいる。

このバランスシートが肥大化したのは、二つの箇所が急拡大しているためだ。

一つ目は「資産としての国債」。これは当然のことで、前述の通り日銀は金融機関から大量の国債を購入してきた。購入した国債は、日銀の資産になる。そして、それと対になっているのが二つ目の部分である「日銀の当座預金」だ。これは、日銀にとって負債となる。この当座預金は日銀が金融機関から国債を購入する際の代金を入れておく器で、主に地銀やメガバンクからの預入金が日銀の当座預金に入っていることを意味する。Aさんが銀行に預金をしているのと同じ感覚で、銀行が日銀に預金をしている状態なのである。だから、この資金は銀行にとっては資産で、日銀にとっては負債となる。この二つの部分の残高を確認すると、二〇二三年一月末で国債は先ほどの通り五八三・五兆円、それと対になっている当座預金は五二四・八兆円と、どちらも巨額になっている。

元々日銀は、通貨発行の担保として国債を購入していたわけだが、いまや日銀にとって国債を購入すること自体が目的となっており、その代金を当座預金にプールしているのだ。そして、この莫大な額の国債と当座預金が、日銀にとって金利を上げられない要因となっているのである。

金利を上げると日銀破綻⁉

「国債」と「当座預金」の残高が大きいと日銀はなぜ金利を上げられないのか。それは、金利を上げることでなんと日銀が破綻しかねないからだ。

先に「国債」の方を見ておこう。国債はいくつかの種類があるが、中でも一〇年物国債が最も量が多く、一般的にはその金利を「長期金利」と呼ぶ。これは、銀行などが住宅ローンの長期固定金利を設定する時の目安にする金利で、長期の借金はすべてこの一〇年物国債の長期金利を参考に決定される。

二〇二二年に入ってこの長期金利に始終上昇圧力がかかり、二〇二二年初めは〇・一％だったものが二〇二二年の末には〇・五％近くまで上昇した。金利が上がれば、債券価格は下落する。これは金融の一般常識なのでこのまま覚えておいてほしい。国債も同じで、問題はその金利の上昇によってどれだけマイナスが出るのかという点だ。

日銀のバランスシート簡略版（2023年1月31日時点）

（単位：兆円）

資産	
国債等	583.5
貸付金	91.1
金銭の信託	37.9
外国為替	8.8
社債	8.2
他	4.3
合計	733.8

（単位：兆円）

負債および純資産	
当座預金	524.8
発行銀行券	122.3
その他預金	33.5
政府預金	31.4
他	10.6
自己資本	11.1
合計	733.8

これを日銀に当てはめてみると、最近の金利上昇により二〇二二年一二月末時点で国債の含み損を八・八兆円も抱えてしまったというのだ。日銀の自己資本は二〇二三年一月末時点で一一・一兆円だから、この損失がかなり致命的な規模であることがわかる。

しかも、二〇二二年九月末の長期金利が〇・二五％だった時に日銀の国債の含み損が〇・九兆円だったことを考えると、九月末から一二月末にかけて長期金利が〇・二五％上昇したことで、含み損が七・九兆円増えたことになる。単純計算で〇・一％長期金利が上昇すると、日銀が保有する国債は三兆円程度含み損が出てしまうのである。二〇二三年同様に二〇二三年も、長期金利が〇・四％上昇すれば含み損がプラス一二兆円ということで、日銀は他の資産でどれだけ収益を出していたとしても国債の含み損により、〝実質破綻状態〟に陥ってしまうのである。それどころか、たった〇・一％の上昇でも危険水準、〇・二％でももはや破綻状態に陥るだろう。

だが、実際に国債の含み損により日銀が実質破綻状態に陥ったとしても、日銀は「満期まで保有するものなので影響ない」と回答するだろう。日銀は保有する国債の評価方法として〝償却原価法〟を採用し、満期保有を前提としているので途中の時価評価を気にする必要がないためだ。

しかし、日銀がそのように説明したとしても、海外勢がそれで納得するかどうかは別問題である。いくら時価評価をするつもりがないと言っても、中央銀行が実質破綻状態にあるわけで、それは日銀の信用失墜、果ては日本円の信頼低下につながりかねない。もちろん、日銀と言っても国債を途中で売却すれば時価で取引をせざるを得ない。そう考えると、日銀がこれだけの国債を抱えたことにより身動きがとれなくなっていることに変わりはない。

次に当座預金に話を移そう。こちらを説明する前に、その当座預金と関係が深い政策金利（短期金利）の話をしておこう。日本は、二〇二二年末に長期金利の幅をプラスマイナス〇・二五％からプラスマイナス〇・五〇％に見直したことで実質利上げを行なったと言われたが、他の主要国のような本当の利上げ、つまり政策金利を引き上げたわけではない。日本の政策金利は、二〇一三年四月に〇・〇〇％に引き下げて以来、プラス金利は付いたことがない。二〇一六年一月からはさらに掘り下げてマイナス〇・一〇％に変更し、そこから七年経ち現在に至る。

そして今、他の主要国と同様に政策金利を上げようとすると、日本の場合には二つの大きな壁が立ちふさがる。一つは、先ほどの長期金利への上昇圧力が働くこと。通常、借金をする際の金利（年率）は、短い期間の方が低く期間が長くなると高くなる。これは、時間が経つことによって借り手の契約不履行のリスク（破綻リスクなど）が高まるためだ。この、期間の異なる金利を並べたものを「イールドカーブ」と呼び、通常時は先ほどの通り期間が長くなればなるほど金利が高くなる、「順イールド」となっている（何らかの事情で期間が長い方の金利が短い方に比べて低くなると、「逆イールド」と呼ばれる）。つまり、短期金利である政策金利が上昇すれば、自然と長期金利に上昇圧力が発生するのである。長期金利が上昇すれば国債を大量に抱える日銀が困るのは、すでに解説した通りだ。

そしてもう一つの壁は、政策金利を上げると当座預金に付利する金利が上昇するため、日銀自体がとんでもないことになるのである。二〇二三年一月三一日時点での日銀の当座預金は、五二四・八兆円もある。繰り返しになるが、この当座預金は日銀にとっては「負債」で、金融機関から国債を購入した金額が「預金」の形でここに入れてある。今は政策金利がマイナス圏だから、この当座預金にはほとんど付利せずに済んでいる。

しかし利上げを行なうと、それに見合った金利をこの当座預金に付ける必要が出てくるのだ。仮に、当座預金全体に年二%付利したとすると、年一〇・五兆円の利払いが発生する。これは時価評価の話ではなく実際に支払う必要のあるお金だから、自己資本が一一・一兆円の日銀はこれだけで債務超過ぎりぎりのところまで追いつめられる。

ここで、「当座預金に年二%の付利は、現在の日本の金利水準から現実的ではない」と疑問を持たれた方は鋭く、まさにその通りである。しかし、ここで見落とすことができない点は、この当座預金の利息は定額コストであることだ。

確かに、当座預金に年二%の付利を行なえば、日銀は一年で債務超過ぎりぎりまで追いつめられる。では、これが一〇分の一の年〇・二%であれば問題ないのかどうか。実はこれでも単に時間が一〇倍かかるようになるだけで、一〇年後にはやはり債務超過ぎりぎりの状態になってしまうのだ。

この当座預金への付利は、日銀にとって一回損を計上すれば済むのではなく、毎年かかる定額コストを計上することになるのである。当座預金全体への付利が二%でわずか一年、一%であれば二年、〇・五%で四年、〇・二五%で八年、これが日銀のタイムリミットである。

このように考えると、世界規模でのインフレが起き、諸外国がこぞって利上げをする中、年二%の物価目標に到達する算段が付いたにも関わらず、日銀だけが頑《かたく》なにわずかな利上げをしなかったわけがご理解いただけるだろう。

大量に抱えてしまった国債、その結果積み上がった膨大な額の当座預金、どちらも日銀にとって大きな足かせになっている。これにより、本来は金利を上げて通貨の価値を守る立場である日銀が、金利を上げることで自分が苦しむた

いびつな日本国債のイールドカーブ

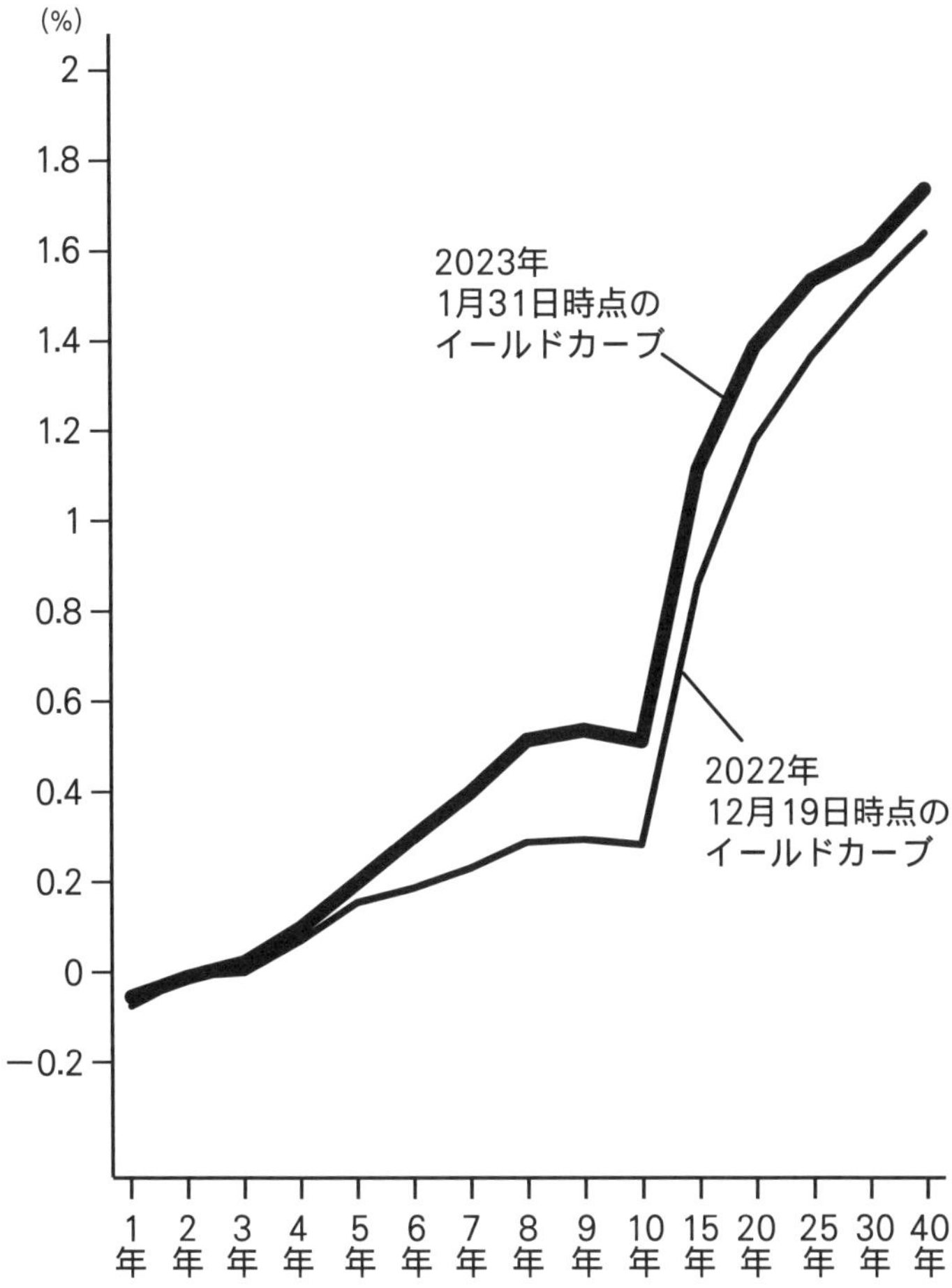

めに上げられないという、おかしな状態に陥ってしまっているのである。

日銀が敗北した日

金利が上昇すると、日本国や日銀がとんでもないことになる。信用は失墜し、それによる大幅な円安も考えられる。一方で、世界的なインフレが進行する中、日本に対する金利上昇圧力が高まっている。こうした状況の変化によって日銀による金利のコントロールも、いよいよ限界を迎えようとしている。日銀と国債をとり巻く環境において、〝炭鉱のカナリア〟が鳴くかのようにおかしな兆候が見られ始めているのだ。

日銀は定期的に銘柄別の国債保有残高を公表しているが、それによると、二〇二三年一月二〇日時点の国債保有比率が「三六九回債一一一%」「三六八回債一〇四%」「三六七回債一〇六%」「三五八回債一一五%」と、四銘柄で日銀が一〇〇%を超えて保有していることが判明した。

一見すると理解不能な状態で、この四銘柄については国が発行した国債よりも多い量を日銀が抱えているというのだ。カラクリとしては、日銀が金融機関に貸し出した国債を、回りまわって再度日銀が購入していることから起きたことだという。つまり、日銀が国債を購入しすぎたせいで、このように日銀が一度買った国債を貸し出さないと国債の流動性が市場で担保されないために行なっているという。説明を聞くと理屈はわかるが、それでも発行額以上の比率で日銀が国債を保有しているのはどう考えてもおかしな状態で、前代未聞のことが起きていることがわかる。

そしてもう一つ、これは最近新聞や経済誌などでよく見かけるチャートだが、イールドカーブがいびつな形になっているという大問題だ。日銀は、イールドカーブが上昇しないように「YCC」（イールドカーブ・コントロール）と呼ばれるコントロールをしている。具体的には、長期金利を一定の幅に抑えるために一〇年物国債を無制限に購入しているのだが、それによってイールドカーブが一〇年物国債の部分だけ下に沈むという奇妙な形になっている。

このような、通常では起こり得ないことが国債市場で起きているわけだが、いずれそれが是正されるはずである。そして、そこを虎視眈々と狙っているのが海外の投資家である。異常な状態は大チャンスとばかりに、海外投資家は日本の国債を盛んに売り浴びせている。

海外勢は、以前よりこのような日本国債の状態を異常であるととらえ、長年にわたって何度も売ってきたが、その度ごとに日銀の鉄壁な守りに遭い、跳ね返されるという苦い思いを抱えてきた。しかし、それがついに突き崩されるという出来事が起きた。二〇二二年一二月二〇日の、日銀の突然の政策変更である。それまでプラスマイナス〇・二五%に抑えていた長期金利の幅を、プラスマイナス〇・五〇%に何の前触れもなく変更したのである。これまで十数年は微動だにしなかった日銀が市場に屈した、まさに〝歴史的瞬間〟であった。

アメリカの金融市場には、「FRB（米連邦準備制度理事会）に逆らうな」という格言がある。その格言はいつしか、「中銀（中央銀行）に逆らうな」と主要先進国共通で使われるようになった。それほど、中央銀行は強大な力を持った存在なのである。

しかしそんな中央銀行でも、市場の原理原則に逆らった方法をいつまでもとり続けることはやはりできないのだ。過去においては一九九二年にジョージ・ソロスがイングランド銀行を打ち破ったように、また二〇一五年スイスの中央銀行が金融政策を突然変更しスイスフランが暴騰したように、中央銀行と言えども市場の流れに逆らってずっと泳ぎ続けることはできないのである。

短期金利は、その国の中央銀行が利率を定める。それに対して長期金利は本来、市場が金利を決める。二〇二二年末に日銀が「ＹＣＣ」の幅を修正したといっても、いまだにイールドカーブはいびつな状態のままである。また一部の国債は、日銀が一〇〇%超保有している異常な状態である。二〇二二年一二月二〇日は日銀が市場に初めて敗北した日であるが、そう遠くない将来、日銀が再び市場に屈する時がやってくるだろう。

一時的な円高に惑わされるな

というわけで、賢い読者はすでに気付いただろう。長い目で見れば将来の円安はほぼ間違いない。二〇二二年に、あまりにも円安が急ピッチで、しかも大幅に進んだことによる反動から、直近の二〇二三年二月上旬まで為替は円高気味に進んでいる。また二〇二二年末に日銀が突然政策変更を行なったことと日銀総裁人事が相まってさらに円高が進み、ひょっとすると一ドル＝一二〇円割れという水準もあるかもしれない。

ここで二〇二三年の為替予測をしておくと、ズバリ一ドル＝一二五円〜一三五円を中心としたレンジで為替は推移すると考えている。

しかし、一旦円高が落ち着けば、今度は円安である。もし、一二〇円割れの円高という幸運な状況が訪れれば、それはドル買いのチャンスである。日本の国、そして日銀が抱えている問題はシンプルで、金利を上げると自らがのたうちまわることになるのだ。

金利を上げられないとなれば、円は魅力的な通貨ではなく、ドルでの運用が断然有利になる。一時的に市場の関心が日本の日銀総裁人事に傾いているため為替は円高に振れているが、日銀総裁が誰に変わろうが日本国や日銀が抱える根本的な問題は変わらず存在するのである。それに市場が気付けば、また二〇二二年に見られたような円安へと次第に傾くだろう。

円安がとめどもなく進んだとしても、通貨の番人である日銀はなにもできない。だから、二〇二二年のように財務省が「為替介入」で対応することになる。ただ、円安誘導の為替介入は無限にできても、円高誘導の為替介入は無限にはできない。なぜなら、原資が外貨準備高の範囲に限られてしまうからだ。

そして、為替介入を行なったとしても、一時的に動きを止めるだけで大きな流れを転換させることはできず長続きしない。そうなると、今度は根本的な構造を変えるために無理を承知で利上げを行なうことも考えられる。しかし、それは〝日銀の破綻〟、あるいは利払いができずに〝国家破産〟という恐怖のシナリオに行き着く。

長い目で見ると、やはり将来の円安は間違いない。それがどれくらいの為替水準になっているのかと言えば、少なくとも一〇年後に一ドル＝五〇〇円という、現在では想像もできないような水準であるとお答えしよう。

二〇年後までになると、国家破産でさらにとめどもない円安になっているだろうが、仮に先ほどの五〇〇円から動いていなかったとしても、為替だけで現在より約四倍である。それに運用では手堅いドル預金などを中心として、年率四・五％で二〇年運用すると二・四倍になる。すると、ドルでの運用は円から見てかけ算で約一〇倍になる。これが最低ラインで、きちんと収益が見込める海外ファンドを使ってほったらかし運用をすれば、二〇年で一〇倍以上になっていてもなんらおかしくないのである。

第五章　ほったらかし投資で過酷な状況下を生き延びる

どんなことにも教訓はある。君がそれを見付けられるかどうかさ。

（ルイス・キャロル）

将来、日本は財政危機に⁉　国民の財産は最悪の事態を迎える

この章では、将来の過酷な状況の日本でいかに生き残るか、そのために投資とどう向き合うべきか。実践的なポートフォリオの例も交えて見て行きたい。

初めに、前提として非常に大事な話に触れておこう。私は普段、経済ジャーナリストとして様々な情報を入手し、分析をして書籍や講演会で発信をしている。特に私が専門としているのが、「国家破産」や「恐慌」といった大きな経済イベントだ。本書では主に個人の投資をテーマにしているが、普段はもっぱらこれらのテーマを扱った書籍を出版し、講演会も行なっている。

そして、私たち日本人が一〇～二〇年後の世界を生き残るために今、最も注目し考えるべき最重要事項こそ、まさしく「日本の国家破産」だと断言する。

少しニュースに明るい人なら、すさまじい借金で日本の財政が危機的状況に陥っていることはご存じだろう。「それがどうした？　どうせ国の借金だろう、

俺には関係ない話さ」という方もいるかもしれない。しかし、それはとんでもない間違いだ。あなたの生活を根底から覆す大災害につながるからだ。これは、日本人全体の生活にやがて重大な危機をもたらす可能性が極めて高い。当然、本書のテーマである「投資」にも大いに関係することであり、ひいては将来私たちが「生き残って行く」上で極めて重大な問題でもある。

私たちの経済活動（収入を得て、消費し、余剰を貯蓄し、投資する）の大半は、私たちが住む「日本」という国家の上で成り立っている。事業を営み、あるいは給料や年金で収入を得る、モノを買う、銀行に貯える、証券会社やＦＸ業者、仮想通貨業者など金融機関を通じて投資を行なう……こうした活動のほぼすべてに、普段は意識することはなくとも国のコントロールが効いている。もし仮に国家が一大事となって、国民の財産になんらかの制限をかけ、あるいは財産税などの特別税を断行することを決定すれば、経済活動のあらゆる部分に様々な影響がおよび、私たちの財産は大きな損傷を受けることとなるのだ。

どのような方法がとられ得るのか、具体的に見て行こう。たとえば預金は、政府が命じて封鎖することができる。「預金封鎖」だ。投資についても、特定の投資を禁じることができる。たとえば外貨建て投資を禁じるといったことも、外為法を改正し一般個人の外貨保有を制限すればよい。国民の資産から一定額を徴収するなら、保有資産に対して「財産税」を課せばよい。他にも、国家は実に様々な手段を講じることができる。国がとり得る資産の制限や徴収について、より詳しく知りたい方は、『２０２６年日本国破産〈あなたの身に何が起きるか編〉』（第二海援隊刊）をお読みいただくことをお勧めする。

さてここで、「果たして国家が国民の財産を〝巻き上げる〟ようなことを本当にするのか」という声が聞こえてきそうだ。実際、過去数十年にわたって日本政府はそれとは真逆のこと、つまり国民や企業に金をばら撒き続けてきたため、そう考えるのも無理はないだろう。九〇年のバブル崩壊で金融機関が次々と破綻しそうになった時には、超低金利政策や公的資金注入という形で政府は金融機関に金をつぎ込み救済した。二〇〇八年のリーマン・ショックに端を発する金融危機では、政府は様々な手を打ち、その後もデフレ脱却という旗印の下、

「アベノミクス」によって大量の金を市中に供給した。二〇二〇年の新型コロナ大流行では企業や個人の救済のために給付金をばら撒き、その後到来した世界的なインフレではガソリンや電気、ガスなどに補助金を付けるという、これまたある種のばら撒きを行なった。

ここまでばら撒きまくってきた政府が、手のひらを返して国民資産を奪いにくるものかという指摘は、まったくもってごもっともなものだ。

しかし、どんなにばら撒いた国家であっても、いや、ばら撒いた国家であればなおのこと、それを巻き戻さなければならない日がやってくる。それは、政府が計画的に財政規律を引き締め（増税や歳出削減など）、借金を減らす努力をするという〝まともな形〟で行なわれる場合もあるが、そうした政策が実行できない国家は最終的に破産し、強制的に借金を清算することになる。

個人や家族の生活をやりくりする「家計」や、会社経営における「企業会計」では、収入と支出のバランスを見つつ、時に借り入れと返済を行ないながらやりくりをする必要がある。バランスが崩れ、借金まみれになれば家庭も企業も

国家が取り得る様々な手段の例

預金封鎖

外貨保有規制

財産税

年金の減額、給与への増税など

※他にも様々な手段が存在する

「国家は有事に際して暴力装置となる」

行き詰まり、自己破産や倒産の憂き目に遭う。実はこれは国家であっても一緒で、収支バランスをとりながら会計を回す必要がある点では、個人、世帯や企業となんら変わらない。

日本をはじめ多くの国家において、収入は主に税金であり（まれに産油国のように資源収入などが税収を上回る国もある）、支出は国によって割合などは異なるが、医療・介護・年金などの社会保障、道路や橋・ダムの建設などに代表される公共事業、国防、公教育といった、国民が安心して健康に豊かに文化的な生活を送るために必要となる様々な分野に行なわれる。また日本の場合、先進国の一員として発展途上国の支援を行なうための経済協力費や、地方公共団体の財政を調整するための交付金なども国の支出に含まれている。

通常、こうした支出は継続性の観点から税収に見合った規模で行なうものだ。一般市民が収入に見合った生活をするのと、まったく一緒である。また、家計においても突然の支出があるように、国家でも様々な社会的要請から時に収入以上の支出が必要となる場合がある。新型コロナウイルスの世界的流行などはまさにわかりやすい例で、国民の健康や生命を守るという国家の最優先事項のために、ワクチンの無償提供をはじめとした様々な分野への政府支出を行なう。また、蔓延防止のため行動制限を課すことで大きな経済的損失が生じた際には、これを補完すべく給付金や貸付金などを出す。この時、国家は「国債」を発行し、売り出すことで資金を調達する。

「国債」とは、簡単に言えば「借金手形」のことで、当たり前だが貸主に約束通りに借金を返すという「信頼」（信認）が前提となっている。当然まともな国なら、なにも問題なく発行・売り出しができるし、もちろん返済もできる。しかし、それは「まともな国」であればの話である。「まとも」でなくなったら、たとえ国家であっても借金を返せないという事態になる。

どういう時かというと、借金は返さないといけないが収入（税収）では返済が追い付かず、しかも返済のために借金しようとしても誰も貸してくれないという時だ。早い話が、「借金で首が回らなくなった時」だ。

たとえば、年収五〇〇万円の人が一〇〇〇万円の借金をするのはそれほど難しいことではない。貸金業者で収入証明などを出せば普通に借りられるし、返すにしても年に五〇〇万も収入がある人であれば一～二年で返すのは難しいことではない。返せる見込みがあると「信頼」されるからだ。

しかし、もしこの人がそれとは別に一〇〇〇万円の借金を抱えていたらどうか。どこの貸金業者も、あるいは友人知人ですら、この人に貸した一〇〇万円は一〇年経っても返ってこないか、あるいは夜逃げでもして踏み倒されるかだろうと考える（信頼がない状態）。大事なのは、実際に金が返せるかどうかではなく、貸し手が「返済の見込みが薄い」と考えるかどうかだ。借金まみれの人ほど見込みが薄いのは当然で、金を貸す人などまず現れない。

実は、これは国も一緒だ。大した借金もなく、将来の税収で返せそうなアテがあればこそ人々は国債を買う（国に金を貸す）。しかし、「借金は膨らむ一方で、しかも借金して借金を返している国」の場合、そうは行かない。いくら国が「必ず返します」と言っても、人々はいずれ「この国は借金を踏み倒すのではないか」と考えるようになる。そうなれば、やがて誰も国債を買わなくなり、国はいよいよ資金繰りが付かなくなる。事実上の「国家破産」状態だ。

借金まみれで財政が回らなくなれば、当然社会保障も公共事業も行なうことはできなくなる。それどころか、国防、治安維持、教育も機能不全になるだろう。さらに、地方公共団体への交付もできなくなるため、「親ガメコケれば子ガメもコケる」の通り、地方公共団体も機能不全になるだろう。およそ、あらゆる「公的」なものに甚大な影響がおよぶことになる。こうなれば、もはやそれは「国」ではない。国民は、文明が崩壊した無法地帯のような世界に叩き落されることだろう。それを回避するには、「国家の借金を国民の財産で贖《あがな》う」ということがどうしても必要となる。

実際、日本では近代以降に二度の「国家破産」を経験している。太平洋戦争終結後の一九四五〜四九年にかけて、そしてもう一つは、江戸幕府が終焉を迎え明治新政府が樹立した、一八六八年前後の「明治維新」の時期だ。

太平洋戦争終結後、莫大な戦時債務を抱えた日本政府は、インフレの高進と経済の混乱を終息させるべく、債務再編策として財産税をはじめとした政策を実施した。ここで詳説はしないが、それらのいずれもが「借金を踏み倒す」「国民財産を徴収する」というものだった。明治維新でも同様に、江戸幕府や諸藩が豪商などに対して莫大な債務を抱えており、ろくに藩士を食わせることもできない藩も少なくなかった。結局、江戸幕府は崩壊し、明治新政府に移行する過程で幕府や藩の債務は棒引きされ、実質踏み倒しとなって行ったが、それに伴って彼らに金を貸していた豪商たちも次々に没落して行った。

もちろん、こうした例は日本ばかりではない。二〇一〇年に莫大な政府債務が発覚して財政危機に陥ったギリシャ、二〇〇九年に天文学的ハイパーインフレに見舞われたジンバブエ、二〇〇一年の国債の債務不履行をはじめ幾度となく国家破産状態に陥ったアルゼンチンなど、破綻した国ではいずれも大多数の国民がすさまじい貧困に見舞われ、国家は機能不全に陥った。財政を立て直すため、様々な形での「国家債務の踏み倒し」や「国民資産の徴収」が行なわれ、国民はさらなる苦難を味わった。

さて、振り返って今一度、現在の日本の財政状況を見て行こう。経済規模を表すＧＤＰが五五三兆円（二〇二二年ＯＥＣＤ推計）、政府の収入である税収が六八兆円（二〇二二年度）、一方の政府債務残高は一〇二九兆円（二〇二二年度末　財務省推計）、これに地方自治体の債務を合わせると一二〇〇兆円にも達する。二〇二二年度の歳出（政府の支出）は、当初予算だけで一〇七兆円あまりで、そこに占める国債費（借金返済にあてる費用）は二四兆円を超え、年々増加の一途である。

これほどの借金が積み重なったのは、長年のばら撒きが主な原因である。もちろん、目に見える「公的資金注入」や「金融緩和」「コロナ給付金」などの影響もあるが、実は少子高齢化を背景にした医療、介護、年金など社会保障費の増加が「見えないばら撒き」のごとく借金累増に大きく関わっている。

さあ、どうだろう。この日本の財政の姿を見て、「これはまずいのでは？」とお感じにならないだろうか。借金の額が日本全体の年間の経済活動の倍以上、政府の収入である税収から見て一八倍近くあるのに、収入の一・六倍近い支出を行なっている。さらに、借金返済額は収入の三五％にも相当していて、しかもそれは年々増加傾向にあるのだ。これを個人にたとえるなら、年商四〇〇〇万円前後の事業を回して年収五〇〇万を得ているが、年間支出は七九〇万円近く、うち一八〇万円が借金の返済にあてられており、今なお借金は八八〇〇万ほどあって年々その額が膨らんでいるという話だ。

もうおわかりだろう。誰がどう見ても、完全に「借金で首が回らない人」である。つまり今の日本は、きっかけ次第ですぐに資金繰りが行き詰まり、借金返済のために強権発動（＝徳政令の断行）せざるを得ない状況なのだ。前述したような様々な規制や財産徴収が行なわれればあなたの投資行動もまったくの無駄となり、大切な資産も国に持って行かれかねない。このことを考えずしてこれからの投資を考えることは、まったくのナンセンスと言わざるを得ない。

もう一つの危険――日本円が紙キレになる⁉

もう一つ、極めて重大なことに言及しておこう。それは、「日本円が紙キレになる」可能性についてだ。「さらになんて恐ろしいことを！」とお思いかもしれない。しかし、残念ながら前述の国家破産と関連してその可能性は、いよいよ高まってきているのだ。

なぜ、円が紙キレになり得るのか。そのカギは「日本国債の買い手」にある。通常、国債を買うのは民間の金融機関や一般企業、個人などだ。国債の取引市場で様々な社会状況などを織り込んで取引が行なわれるため、おおよそその国の実情や実力に見合った価格に落ち着く。しかし現在の日本は、金融政策上の理由から日本銀行が発行済み国債の半分以上を買い上げ、保有している。これが、「円が紙キレになる」重要な要因だ。

日本銀行は、普通の銀行とは異なるいくつかの特殊な役割を担っている。その最たるものが「通貨を発行する」というものだ。現在日銀は、国債を買って日本円を発行するということを行なっている。

元々は二〇一三年の「アベノミクス」の始動に歩調を合わせて、デフレ（物価の下落）を食い止め、緩やかなインフレ基調にするために日本円を大量発行するという金融政策が起点だった。しかし現在では、「長期金利が上がりすぎないようにする」という理由で国債買いを行なっている。金利と国債の関係は極めて密接で、「金利の上昇」とはすなわち「国債の価格下落」を意味する。

また、長期金利は預金の利子や住宅ローンの金利など、他の様々なビジネスで適用される金利のベースにもなるため、経済を安定的に舵とりするために極めて慎重な制御を必要とする。さらにこの長期金利は、日本政府にとっても非常に重要となる。金利が上昇すれば、継続して発行する国債の金利も上げなければならなくなるため、借金返済の負担が増すのだ。

こうした重要な意味を持つ「長期金利」を、「上がりすぎないように」しているとはどういうことか。それは、日本国債を大量に売り続ける投資家がいる、ということだ。売りが優勢になれば国債の取引価格は下がり、相対的に金利は上昇する。そうなると、前述のように様々な方面に負の影響がおよぶことになる。それを食い止めるため日銀は、今必死に「買い支え」を行なっているというわけだ（なお、本書ではこのあたりの事情を非常に簡潔に掻《か》い摘《つま》んで説明している。より詳しく知りたい方は、『２０２６年日本国破産〈対策編・上〉』〈第二海援隊刊〉をご参考いただくことをお勧めする）。

ただ、いくら天下の日銀と言えども、無限に国債を買い続けることはできない。極端なたとえだが、仮に日銀がすべての日本国債を買い上げたとすると、その代金として発行した日本円は、実質的に日本国債とほぼ同じものとなる。日本がその経済的実力に見合わないほどの借金を重ね、それを日銀が引き受けて大量の日本円が世の中に出回ればどうだろうか。誰も、日本円に価値を見出さなくなるだろう。まさに、「円が紙キレになる」とはこのことだ。

実のところ、このたとえはかなり乱暴であり、通貨と政府債務の話は実際にはこんなに単純な話ではない。ただ、日本政府の莫大な借金を日銀が買い支えるという構図は、日本の信認低下（政府が借金を返すことへの信頼低下）が日本円の価値低下に直結する、極めて危険なものである。

そしてそれは、「高インフレ」と「急激な円安」という現象として私たちに襲いかかってくるのだ。「急激な円安」という現象は、海外の通貨に比べて日本円の価値が大きく下がるということだ。食糧やエネルギーなど、国民生活に必要なものの多くを輸入に頼る日本においては、深刻な物価上昇要因になり得るとんでもない現象である。また、「高インフレ」は、短期間で物価が上昇する現象で、主に日本円で資産を持つ日本人にとっては保有資産の実質価値がどんどん下がって行くことを意味する。

たとえば、生活費が月二〇万円の家庭で一〇〇〇万円の貯蓄があったとする。この家庭には五〇ヵ月分の蓄えがあることになるが、もしインフレで物価が軒並一〇倍になり一年後の生活費に月二〇〇万円かかるようになったら、この家庭の蓄えは五ヵ月分しかないということになる。実質的に蓄えが一〇分の一になったということだ。インフレの恐ろしさとは、まさにこの点にある。

しかし、この恐怖のインフレも、天文学的債務を抱える政府にとっては都合のよいものになり得る。インフレになっても借金の絶対額は増えないため、実質的に借金の価値が減殺されて行くことになるのだ。もちろん、インフレ見合いで長期金利も上昇すれば政府の利払い負担も増えることになるが、金融政策によって国債の金利を意図的に抑え込めば、「インフレによる債務圧縮」を行なうことは十分に可能だ。なお、これは専門的には「金融抑圧」というものになるが、話が少々難しくなるためここでの詳説は避けておく。

国民からしてみれば、資産がみるみる無価値になって行く「高インフレ」と「超円安」だが、借金まみれの政府にしてみれば債務を減らすために非常に好都合な手段となる。

これは歴史上でも明らかだ。日本政府は太平洋戦争で莫大な戦時債務を積み上げたが、これをいかに減殺したかといえば財産税の徴収や戦時補償債務への一〇〇％課税（事実上の踏み倒し）で清算したというより、五年程度で物価が七〇倍にもなった急激なインフレが実質価値を大きく下げたのである。そして、その代わりに犠牲になったのが、円資産を保有していた国民や企業である。

さて、現在の日本の財政はまさにこうした危機の瀬戸際にあるのだが、こんな危険な状況であれば、当然政治家や官僚もそれを認識し、なんらかの手を打ちそうなものである。しかし、残念ながらそのような話は政治・行政の中枢ですらほとんど聞かれない。

私は現役の政治家や霞が関の官僚、また元官僚トップの経験者などいくつかの人脈を持つが、彼らの誰に聞いても危機的財政に手を打とうという政治家は、ほぼ皆無だという。大半の政治家は目先のことしか考えず、ばら撒きによる人気とりしか頭にないというのだ。財務省などの官僚はことあるごとに政治家から高圧的に「ばら撒け！　金を出せ！」と怒鳴られ、たてつけばクビか左遷かと脅されるため、誰も表立って財政再建の話ができないのだという。

「絶望しかありません」——と、ある財務官僚は匿名を条件に本心をそっと打ち明けてくれたが、私はその憔悴した様子と言葉に慄然《りつぜん》とし、そして確信した。この国の財政には、もはや穏便に解決できる道など残っていない。壊滅的な「ハードランディング」か、あるいはそれをより上回る「破局的大惨事」か。

いずれにしても、一〇〜二〇年後のどこかにはすさまじいパニックと経済災害が発生し、私たちはまさに「生き残り」をかけた壮絶なサバイバルを繰り広げることになるだろう。

これからの資産運用に必要なのは？

日本の将来がいかに厳しいものになり得るか、読者の皆さんには十分に理解していただけたのではないだろうか。

ただ、絶望するにはまだ早い。日本という国、日本の社会は厳しいものになるだろうが、「すべての日本人」が絶望的状況に陥るわけではないからだ。

先ほど、国家破産した国々について少し触れたが、私はそれらの国に実際に赴き現地取材を行なって、破綻国家における市民の実態を調査してきた。ほとんどの日本人は知ることのない、国家破産の本当の姿と様々な事実を知ることができたが、その中でも非常に印象的だったのは、大多数の貧しくなった国民とは裏腹に、一部の人たちは国家破産による甚大な経済被害を受けず、それまでとほとんど変わりない生活を送っていたということだ。

それだけではない。さらに一部の人たちにおいては、国家破産で資産を減らすどころか逆に大幅に資産を殖やし、豊かな生活を送っている人たちもいたのだ。私はこうした人たちに共通する秘訣があると確信し、さらに調査を進めた。彼らは、全員が莫大な富を持っていたわけでも高額の所得を得ていたわけでもない。政府に強固なコネクションを持つ人もいたが、そうでない人ももちろんいた。特別な能力や技能がカギとなるかといえば、それも「貧富」を分け隔てる決定的な条件ではなかった。そうして様々な角度から調査して行ったところ、ある時その答えがわかったのである。

それは、「適切な投資行動をしていた」ということなのだ。「適切な投資行動」と一言で言っても、何のことかわからないだろう。投資において重要な点は二つある。一つは「投資対象に何を選ぶか」ということ、もう一つは「いつ、いかなる投資判断を下すか」だ。そのうちの「適切な投資対象」については、すでにヒントがある。先述した「破綻国家で何が起きるのか」を考えれば明らかで、そこを紐解いて行けば、おのずと答えにたどり着く。

まず、国家が破産すれば、借金を清算するために様々な金融規制を布き、国民資産を徴収する。国家が権力を行使できる範囲は非常に広く、国民資産の把握、国内金融機関への命令、各種関連法の改正、国内の資産性商品（金《きん》、銀など）をとり扱う業者への制限など実に多岐にわたる。場合によっては、金品の差し押さえや身柄拘束など、より強力に人権を制限することすら可能だ。

ただ、その範囲はあくまで国内に限定される。たとえば、海外に保有する資産や海外で得られる所得などには、直接的に権力を行使することはできないのだ（注：海外所得については日本国籍を持つ国内居住者の場合課税対象となるため、申告をしなければ処罰対象となる。あくまで、預金封鎖や資産移動などの制限を受けないという点に注意）。

つまり、国内の金融機関や公的機関などではないところで運用できる投資対象に資産を預ける、ということが対策のキモなのだ。具体的に言うと、「海外に資産を持つ」「現物資産を手元に持つ」という二つの方法がある。海外資産はそのものズバリの方法だが、二つ目の「現物資産を手元に持つ」ことも大きな効果があり、重要である。後述するが、現物資産にも相応のリスクはあるし、そもそも現物資産は「物そのもの」であるため運用によって利子が付いたりはしない。相場が変動して、価格が上がることのみ期待できるというものだ。

また、国家破産によって生じる「通貨が紙キレになる」というリスクへの対処も「適切な投資対象選び」において重要な点だ。単純な話、日本円が紙キレになりかねない時に、日本円を持っていればその影響は免れない。

では、どうすればよいかといえば、最善は「外貨建て資産を持つ」「現物資産で持つ」というやり方、次善としては株や不動産など、円建て資産であってもいいから「現金ではないもので持つ」というやり方だ。

外貨建て資産の際たるものといえば、ドルだ。外貨預金や外貨MMF、外国債券、FXなど、日本国内でもドル建て資産を保有することはできるが、一〇年単位の長期視点で考えるなら、海外で外貨資産を持つことが極めて有効である。その具体的な方法については後述する。

また、現物資産は著しいインフレへの対策や資産没収といった政府の強権発動にも対抗できる手段だが、一点注意したい点がある。それは、日本国内での

これからの生き残りに有効な資産

①海外資産

②現物資産

（③不動産、株式など）

これに、国内の運用資産もバランスよく保有することが成功のカギ

み通用するような現物資産ではなく、海外でも広く取引されるものを選ぶということだ。どういうことかというと、日本国内でのみ通用する現物は、著しいインフレや政府の様々な金融規制の結果大多数の国民が貧乏になりそうした現物に資産を割く余裕がなくなってくると、人気が廃れて価値が暴落するリスクが考えられる。資産性が最も高いものといえば、やはりなんと言っても「金《きん》」（ゴールド）だが、それ以外にも有望なものはいくつかあるため、複数に分散しておくのがよいだろう。

一点張りを避け、グローバルに投資を

一般的に、投資を行なう際は「分散を心がける」のが肝心といわれる。様々なリスクに対して万能な資産などなく、資産の全滅を避けるためにはいろいろな資産を組み合わせるのがよいとする考え方だ。「卵は一つの籠《かご》に盛るな」という格言が、まさにそれだ。

ただ一方で、投資を勉強し始めるとこうした意見も耳にする。「本当に投資で成功したいなら、集中投資すべきである」――世界的な投資家ウォーレン・バフェット氏をはじめ、莫大な富を築いた著名投資家たちの中にも、集中投資の重要性を強調する人は少なくない。分散とはまったく真逆の主張なのだが、果たしてどちらが本当なのか。

様々な投資に取り組んできた方なら、恐らくおわかりではないだろうか。実はこのいずれもが「ある意味当たっており、ある意味間違っている」。禅問答か頓智《とんち》かというような話だが、平たく言えば分散も集中も、程度見合いということである。

先に、これからの生き残りに外貨建て資産や海外資産、現物資産が有効だという話をしたが、これを聞いて持っている資産をほぼ一〇〇％外貨建て、海外資産、現物資産にするというのはまったくもってよろしくない。たとえば現物資産なら、手元においておけばいざという時すぐ役に立つというメリットはあるが、かといって財産をすべて現物にすれば盗難や紛失、焼失によって財産をすべて失うという大きなリスクが生じる。現物資産のメリットばかりに着目し、「やみくもに」「極端に」やりすぎることで、むしろリスクを増大させることになるのである。

同様に、すべて海外資産にするのもよく考えるべきだ。たとえば、どこか一ヵ所の国、金融機関にまとめて預けてしまうと、結局そこに万が一のことがあれば非常に大きなリスクとなり得る。「日本」というリスクを避けたいがために、別のリスクを負うことになるのだ。

究極的に言えば、どんな場所、どんな投資対象に資産を預けるにせよ、なんらかのリスクは必ず生じることになる。ただ、こうしたリスクは必ずしも同質のものではなく、投資対象や場所によってまちまちの動き方をするものである。

肝心なことは、投資先や資産の預け先にどんなメリットがあり、その代わりにどのようなリスクを受け入れる必要があるのかを知っておくことだ。リスクを承知の上で投資をする限り、「万が一」のことが起きても適切な対処をとることが可能になる。つまり、投資の成否を分けるのは「分散か集中か」ではない。

自分が理解し、納得した投資先にのみ投資を行なうことが重要なのだ。

ただ、そうすると必然的に「過度な分散」は行なえなくなる。普通の人なら、自分が把握し、管理できる投資先は、どんなに多くても一〇か二〇くらいだろう（二〇でも多いくらいかもしれない）。もちろん、過度の集中も危険だということはすぐにわかる。最低でも五つくらいは、リスク傾向のまったく異なる投資対象に投資することが、結果的に成功への近道となる。

あなたは投資に縛られた人生を送りたいか？

もう一つ、投資に取り組むに当たって大切な視点について触れておきたい。先ほど、「適切な投資」に重要なポイントは「適切な投資対象」と「適切な判断、タイミング」とお伝えした。この「判断、タイミング」をいかに下すか、という話である。投資というものの本質は、「判断の連続」である。どんな投資対象であろうが、適切なタイミングで判断を下せれば利益を最大化し、損失を最小化することはできる。逆に言えば、どんなに優良な投資対象も判断が悪ければ目的に適《かな》うことはない。

投資における判断は、ある投資ポジションをとる時とポジションを解消する時に必要となる。株で言えば「買う」判断と「売る」判断が一セットというわけだ。しかし、考えればわかりそうなこの「基本」が、意外とベテランの方でも実践できていないことが多い。大体の場合、ポジションをとる（ある投資対象に資金を投じる）時には熟慮しても、ポジションを解消する（解約し現金化する）ことはおろそかにしがちなものだ。ただこれは、人間の心理的な動きからするとごく自然なものであり、意識しなければ誰でもこうした傾向に陥りやすいということが研究でも明らかになっている。

何が言いたいかというと、投資とは決断して手を下すべきことが意外と多く、手がかかるものであるということだ。特に、比較的短期間で取引判断を行なう必要がある投資の場合、日々を過ごす時間の結構な割合を割くことになる。株式やＦＸなどのデイトレーダーなどが最も顕著で、彼らは「投資成功」のため、なかば趣味か仕事のように相場に没頭するという姿勢が求められている。好きでやるならそれでもよいが、多くの人たちにとってこれはマネできるものではない。仕事や家庭があり、大切にしたい家族や仲間、趣味などもある人たちにとって、合間の時間に投資に取り組むというのはなかなかに大変なことである。

財産は人生を豊かに生きる上でとても重要なものだが、だからといって年中その運用に汲々《きゅうきゅう》とするというのでは、まったくもって本末転倒である。あくまで「人生を謳歌する」という大きな命題に、いかに支障のない程度で取り組むかが大切だ。ただ、「日々やるべきこと、やりたいことが多すぎてなかなか手が回らない」という方も、だからといって投資をあきらめる必要はまったくない。頻繁に売買判断を下す必要がある投資は無理でも、年単位でじっくり様子を見る程度ならできるだろう。毎日や週に何度もではなく、三ヵ月や半年、あるいは一年に一回程度「たまに様子を見て判断する」というスタンスで取り組むことができる投資法を見付け出し、実践すればよいのだ。

前章まで見てきた「海外ファンド」も、まさにそうした投資の一つである。

日々の時間をあまり割かず、しかし肝心なところはしっかり押さえておくというやり方で一〇年、二〇年単位で見れば十分に成果を期待できるわけだから、これに取り組まない手はない。

これからの時代の「資産運用ポートフォリオ」

さて、ここからはいよいよ具体的な運用の実践例について見て行こう。この章でここまで説明してきた「今後の日本での生き残り」に重要なポイント、および前章までで説明してきた内容を総合し、どのような投資対象を選択し、あなたの資産運用ポートフォリオを作るべきかを見て行こう。

①海外ファンド

まずは、なんと言っても「海外ファンド」である。外貨建てかつ海外への直接投資であり、一度保有したら基本は年単位での長期投資に徹するという投資

海外ファンド投資

メリット

■外貨建て

➡ 日本円紙キレのリスク回避、円安効果で収益拡大

■海外資産

➡ 預金封鎖や金融規制の対象にならない

■プロによる運用

➡ 投資にかかりきりになることがない

リスク他注意点

運用成績の浮き沈みには注意

海外の金融法制変更の影響も考慮

長期・分散で手堅い運用成績を期待

スタンスが適切なものだ。国家破産時の資産徴収にも、日本円が紙キレになるリスクにも対応できる。運用成績による収益だけでなく、今後円安が進行すれば為替でも大きな収益が期待できる。買付・解約時には手続きが必要だが、基本的に頻繁な手続きの手間などはなく、運用を黙って見守るだけでよい。様々な特長を持つファンドを世界中で選べるため、目指す運用の方向性に合わせて組み合わせて保有することができる点も魅力だ。

もちろん、海外ファンドも銘柄によって異なるリスク特性があるため、どれか単一のもののみを選択するのではなく、最低でも二〜三銘柄に分散と分散投資するのが良い。運用成績の変動が少なく、代わりに手堅い成績を期待できる銘柄、騰落の振れ幅は大きいものの、長い目で見て良好な成績が期待できる銘柄、恐慌やパニック時など、相場が激変してもそれを逆手に収益獲得を目指せる銘柄などを組み合わせるといった形が最も基本的だろう。

できれば、運用可能な（＝どうしても国内での生活に必要な資産をのぞいたもの）資産の四〇〜六〇％程度を海外ファンドに振り向けるのが望ましい。

②海外口座

海外ファンドに次いで、非常に有望な選択肢が「海外口座」だ。外貨建て、海外資産で、じっくりと保有するのに適した資産の預入先である。ファンドとは異なり、プロによる運用がない分、浮き沈みが少なく安心感は抜群だ。定期預金を組めば、現地の金利水準に見合った利息が付くため、安定性はありつつも上積みも期待できる。日本の外貨定期では、金利水準が圧倒的に見劣りする他、ペイオフ（預金保険）の対象ともならないため、その差は歴然だ。

海外口座の開設に当たっては、いくつか注意点がある。まず、信頼できる国の信頼できる銀行を選ぶことだ。これは最重要で、たとえば国情の安定しない新興国や途上国では、政変や財政破綻によって預けた銀行ごと資産がなくなってしまう危険がある。また、国情が安定した先進国でも、銀行が倒産すれば資産消失や毀損《きそん》のリスクが高まる。

また、次に重要となるのが、「日本語のサポートが受けられる」という点だ。ここが意外にも大事なポイントである。いかに信頼性が高い銀行でも、現地の言語でしかやりとりができないと、いざという時にまったく対処ができなくなる危険性がある。海外旅行経験が豊富で多少英語ができるという方でも、過信は禁物だ。銀行とのやりとりには専門用語や金融の考え方など、ただでさえ馴染みの薄い話が出ることがある。これが英語でなされるわけだから、さらに厄介だ。したがって、日本人や日本語ができるスタッフが常駐する、もしくは日本語のカスタマーサービスがある銀行を選択すべきだ。

銀行も民間企業であるため、それぞれ特徴のあるサービスを行なっていたり、口座開設の条件が異なったりもする。少額で開設可能なところ、海外投資サービスが充実しているところ、ネットバンキングに特徴があるところなど様々あるため、事前に情報収集して適切な銀行を選びたい。

口座開設に当たっては、現地への渡航、訪問が必須となることがほとんどである。日本にいながらにして開設ができる銀行は、現在ではほとんど存在しないため、それを見越して準備を進めることが重要だ。

海外口座は「単にお金を預けておくだけ」という形にはなるが、他の資産に

海外口座

メリット

■外貨建て

➡ 日本円紙キレのリスク回避、円安効果で収益拡大

■海外資産

➡ 預金封鎖や金融規制の対象にならない

■運用しない

➡ 資産の安定性が高い

リスク他注意点

国、銀行によっては破綻リスクなどがある点を考慮

額が多い場合は定期を組むなどするのも良い

はないメリットがある。それは、「国家破産時などにも預入資産を日本国内で使える」というものだ。海外口座は日本の当局の規制を受けないため、たとえば国内で預金封鎖が行なわれていてもATMなどから出金が可能となる。また、海外口座のキャッシュカードはデビットカード機能が付いているため、国内での買い物の決済にも利用可能な点が強みだ。さらに、ファンドの資金を出し入れするにも有用であり、有事対策において非常に重要な役割が期待できるのだ。

資産規模が小さい方が無理をして作ることはお勧めしないが、三〇〇〇万円を超える金融資産をお持ちの方であれば最低一つは持っておくべきだ。資産一億超の方なら、二つ以上持って分散をかけておくのがよい。割合としては、全資産の一〇〜二〇%程度を目安にするのが適切であろう。もちろん、堅実な「資産防衛」に主眼を置きたい方の場合は、三〇〜四〇%程度まで比率を上げるという方法もアリだ。

なお、海外口座開設に関しては、私が主宰する会員制の資産運用助言組織「ロイヤル資産クラブ」「自分年金クラブ」でわかりやすく丁寧に助言を行なっている。どの国のどの銀行が適切か、どんな条件の銀行があるか、活用の仕方など、海外口座に関心があるもののどうしていいかわからないという方は、ぜひとも活用を検討することをお勧めする（詳細は巻末二四〇ページを参照）。

③現物資産

先述の通り、現物資産を手元で保管することも、これからの生き残りには極めて重要な方法となる。ただし、現物資産は厳密にいえば「投資」や「運用」というよりも、あくまでインフレ対策としての意味合いが大きい。ファンドや株のように方法次第で大きく収益を上げられるものでもないし、預金のように利息が付くわけでもない。よって、全資産の一〇～二〇％程度を上限目安にしておくのが適切だろう。

持つべき資産を具体的に挙げるならば、①金《きん》（ゴールド）、②ドル現金、③ダイヤモンドの三つだ。それぞれの長所と注意点をざっと見て行こう。

まず金《きん》は、「有事の金《きん》」の通り、激動の時代にこそ光り輝き、資産価値が上昇するという「資産防衛の王道」である。おそらく、今後の日本において価格は大きく上昇し、一グラム＝一万円どころか数万円という値が付く日もくることだろう。ただ、王道であるがゆえに当局による没収リスクや取引規制などのリスクがあり、注意が必要だ。基本的に、あまり大量の金《きん》を資産で持つことはお勧めしない。多くとも資産の一〇％以内にするのが妥当だろう。

　ドル現金は、日本の財政破綻が本格化しドサクサになって行くにつれて、非常に重宝されることになる。円の価値が大きく下がり、円安が加速した局面では、多額の日本円に両替でき生活費やイザという時の支出に大きな力を発揮する他、究極の混乱期にドルで決済するという方法にも使える。

　注意点として、高額券面はゆくゆくは非常に使い勝手が悪くなる（日本円から見るとあまりに高額になるため）ことが考えられるため、なるべく一ドル、五ドルなどの小額券面を中心に保有することだ。また、大量に保有していても普通の方にはあまり使い道は多くないため、生活費の三～六ヵ月分程度を目安に持ちすぎないようにすることも大切だ。

そして、もう一つお勧めの現物資産が「ダイヤモンド」だ。実はダイヤモンドは、金《きん》（ゴールド）にも劣らない優れた性質がある。それは高い資産性があるにも関わらず、当局による没収リスクが低いという点だ。一方で、換金性については金《きん》に劣り、売買スプレッド（売値と買値の価格差）が三割ほどあるというデメリットもある。では、なぜダイヤモンドなのかといえば、これも金《きん》同様に「有事の資産」として特に海外では重宝されるためだ。

元々は、欧州の資産家やユダヤ人富豪などが迫害や戦争などから逃れる際、持ち運びやすく希少性が高いダイヤモンドが珍重されたという経緯がある。太平洋戦争後には、高名な画家であった藤田嗣治《つぐはる》が軍事裁判で戦犯扱いされるのを逃れるため、財産をダイヤモンドに替え絵の具のチューブに詰めて海外脱出を図ったという逸話も残されている。直近では、ロシアのウクライナ侵攻時に避難したウクライナや東欧の人たちにダイヤモンドが重宝されたという。

日本が財政破綻すれば、ダイヤモンドも間違いなく注目されることとなり、価格が高騰することになるだろう。特に、昨今の極東情勢は「台湾有事」という地政学リスクを抱えているため、資産家たちが海外脱出を図る際にダイヤモンドを欲するというトレンドが見込まれる。

また、ダイヤモンドはドル建て取引が主流であるため、円安によって大きな含み益も期待できる。つまり今後のトレンドとして、ダイヤモンドは非常に高い資産効果を期待できるというわけだ。売買スプレッドの大きさは難点だが、それをおぎなってあまりあるほどの資産価値を持つようになるだろう。

なお、ダイヤモンドについては入手や現金化についても他の現物にはない注意点がある。普通の宝飾品店やデパートではなく、「専門の業者」を活用するということだ。一般的にダイヤモンドは宝飾品としてとり扱われるが、これらは買いとりや再販売を前提として売られているわけではない。そのため、たとえば買った店に買いとりを依頼しても売値の一～二割でも値が付けばいい方で、普通は買いとりには応じない。質屋に持って行ったとしても買値から考えれば「二束三文」扱いであり、お世辞にも「資産」とは言えない扱いになる。

そこで重要になるのが「専門業者」の存在だ。実はダイヤモンドには再販売、

現物資産

メリット

イザという時に売却して活用可能
資産の没収リスクにも対処可能

リスク他注意点

盗難・紛失・消失など

実践的方法

金（ゴールド） ➡	全資産の10％程度
ドル現金 ➡	生活費 3～6ヵ月分目安
ダイヤモンド ➡	全資産の 7～10％程度

※いずれも小さい単位での保有が望ましい

二次流通のための「オークション」市場が存在し、そこには特定の専門業者のみがアクセスできる。こうした業者を利用することで、初めて有効な資産となるのだ。

また、「資産」としてのダイヤモンドは、品質グレードや大きさ（重さ）についても適正なものがある。ひたすら大きければよいというものではないのだ。

こうした注意点については、紙幅の関係からここでの詳細は割愛するが、もし資産としてのダイヤモンドに興味がある方は、私の経営する㈱第二海援隊内に設置した「ダイヤモンド投資情報センター」でご案内しているので、お気軽にご相談いただきたい（巻末二六四ページ参照）。

資産運用ポートフォリオに「国内での投資」を加える

そしてもう一つ、あなたの資産運用ポートフォリオに「あえて」加えることを検討いただきたいのが「国内での投資」である。「なぜ、リスクのある国内で⁉」とお思いかもしれない。しかし、日本に住む日本人にとって日本円建ての資産は、やはりどうしてもある程度必要なものである。

ただ、これを単に銀行預金やタンス預金にしておくのでは、非常に心許ない。銀行の利息は、往々にしてインフレ率には勝てない。タンス預金に至っては、そもそも利息が付かない。どんどん減価して行くに任せる他ないのだ。となれば、積極的に投資に打って出るのが賢明な選択というものだ。

投資の選択肢はいくつもあるが、順当なのはやはり「株式投資」だろう。様々な投資スタイルをとることができ、短期でも長期でも取り組むことができる。他には、「先物」や「オプション」「ＦＸ」「仮想通貨」などもあるが、このあたりは料理の「スパイス」的に少額を楽しむ程度がよいだろう。「不動産投資」も選択肢にはなるが、物件によるばらつきや流動性の低さ、一般的には投資単位が大きいなど考慮しておくべき要因も多く、私はお勧めしない。いずれにしても〝趣味〟として投資に労力や時間、ある程度の資金を割くというのであればそれもよいが、リスクもあるためくれぐれも慎重を期していただきたい。

資産規模別運用シミュレーション

では、具体的にどのようなポートフォリオを組むかだが、資産規模別におおよその資産の分類目安を決め、投資の狙いとその運用シミュレーションを見て行こう。なお、本章のシミュレーションで用いる海外ファンドの運用利回りは、第三章で使ったものとは異なることをお断りしておく。第三章では「二〇二二年末時点の各ファンドの年率リターン」に基づきシミュレーションしたが、本章では「私が考える各ファンドの大まかな期待リターン」を基にシミュレーションしてみた。そして、今回のシミュレーションの前提条件はおおよそ二一九ページの図の通りとした。

為替変動については、率直に言ってかなり控えめな変動率に設定した。日本の財政状況や海外動向を加味すれば、私は二〇年後に三六〇円でも一〇〇〇円でもまったくおかしくはないと思っている。ただ、それではシミュレーション

運用シミュレーションの前提条件

運用年数	20年
為替変動	現在:130円➡ 20年後:220円 （約1.69倍）
金《きん》価格の変動	現在:8500円➡ 20年後:17000円 （約2倍）
ダイヤモンドの価格変動	20年後： 2.5倍程度
海外預金金利（ドル）	平均 年3%
国内運用（株式を想定）	平均 年3%

が完全に為替要因で支配されてしまい、あまり有意義な検討ができないため、あえてこの数字にしている。金《きん》価格やダイヤモンドの価格もしかりである。

ドルの預金金利や国内の運用（ここでは株式投資を想定）については、変動要因が多すぎるため数字の妥当性を精密に議論することは難しい。ただ、世界的に一〇年単位で続いたデフレ・低金利トレンドが終わったと仮定すれば、これくらいの利率は妥当と考える。また、実際のシミュレーションを見ていただくとおわかりいただけるが、実は資産全体の増減にこれらの利率は大きな支配力を持たない。やはり、ファンドの運用パワーが大きく結果に貢献するということが見てとれるだろう。

〈ケース1〉——資産一〇〇〇万円

まずは、資産一〇〇〇万円の例だ。ここでいう資産とは運用にあてられる（生活に支障のない）金額で考えている。ここでは、積極的にリスクもとりつつ手堅いところもしっかり残して、二〇年後に一〇倍の一億円を目標とするポートフォリオを見て行こう。分散割合は、おおよそ次の通りで組むことにする。

ファンド六〇％　海外口座一〇％　現物一五％　国内一五％

資産一〇〇〇万円の場合、ファンドについてはあまり幅広い選択ができないため、積極運用銘柄を一つと安定運用銘柄を一つの組み合わせが適切だろう。第三章で触れたファンドのうち、少額から投資可能な銘柄でかつ積極運用である「MCファンド」に二五〇万円分、安定運用で二・五万ドルから投資可能な「ATファンド」に三五〇万円分投資する。

「MCファンド」は、一年間の実質年率リターンが一五％強という非常に強力なファンドだ。一方「ATファンド」は、堅実な収益が売りで年六％程度を手堅く期待できる。ここでは「MCファンド」を年一六％、「ATファンド」を年六％として計算する。

以上でシミュレーションに必要な数字が揃ったので、早速計算してみよう。まずファンドは、二二二〜二二三ページの図のようになる。合計すると、およそ一億一〇〇〇万円弱となり、見事に一億円以上の目標を達成した。大きく貢献した

1000万円を20年間運用した結果

ファンド	MCファンド	元本250万円×（運用利回り1.16の20乗）×1.69（為替上昇分）≒8233万円
ファンド	ATファンド	元本350万円×（運用利回り1.06の20乗）×1.69（為替上昇分）≒1899万円
海外口座		元本100万円×（運用利回り1.03の20乗）×1.69（為替上昇分）≒306万円
現物	金《きん》	元本100万円×（20年後に価格2倍）≒200万円
現物	ドル	元本50万円×1.69（為替上昇分）≒85万円
国内運用		元本150万円×（運用利回り1.03の20乗）≒271万円

1000万円を20年間運用した時の利回りと資産額

（単位：万円）

資産の分類	銘柄	金額	利回り	為替	20年利回り（倍）	20年利回り（円建て）（倍）	20年後資産額
ファンド	MC	250	0.16	1.69	19.46	32.93	8233
ファンド	AT	350	0.06	1.69	3.21	5.43	1900
海外口座		100	0.03	1.69	1.81	3.06	306
現物	金《きん》	100			2.00	2.00	200
現物	ドル	50		1.69		1.69	85
国内		150	0.03	1	1.81	1.81	271
						合計	10994

※注：
為替：130円→220円と想定　220÷130≒1.69となり為替で1.69倍になる。

上記シミュレーションは、各資産において過去の長期実績を元にした期待利回りにて、運用のパフォーマンスを試算したものである。

投資にはリスク（不確実性）があり、上記は「確率上起きやすい」結果であるものの、結果を保証するものではない点に留意されたい。


1000万円が20年後に1億994万円になる

のは積極運用タイプの「MCファンド」であるが、仮にこの運用が芳《かんば》しくなかったとしても、他の運用だけで元本の三倍程度にはなる。単に外貨預金をするのでも、国内の投資案件だけに縛られるのではなく海外ファンドをはじめとした手法を上手く活用することで、手間をかけずにここまで資産は殖やせるのだ。

〈ケース2〉――資産五〇〇〇万円

次に、資産五〇〇〇万円の例を紹介しよう。一〇〇〇万円よりもさらに選択肢が充実するため、積極的に収益を狙いつつも分散効果も図ってリスクを安定させたポートフォリオを目指す。分散割合は、おおよそ次の通りだ。

ファンド五〇%　海外口座二〇%　現物二〇%　国内一〇%

シミュレーションの前提条件は、一〇〇〇万円のものと同じである。五〇〇〇万円となると、資金力が上がることでファンドの選択肢が広がる。そのため、分散効果を期待して三銘柄を選択する。危機に強くかつ長期では高い収益期待のある「Tファンド」に一〇〇〇万円、安定的な収益を期待できる「ATファンド」に一〇〇〇万円、そして長期で配当が大きく効いてくる「EPファンド」に五〇〇万円の分散で組んで行く。

「Tファンド」は年九％、「ATファンド」は年六％程度を期待し、また「EPファンド」は配当を再投資する前提で年一四％を期待できるとしよう。すると、各々運用成績は二二六〜二二七ページの図の通りとなる。

以上を合計すると、およそ三億二六〇〇万円あまりとなり、なんとスタート時点から六倍強に資産を倍増することができた。一〇〇〇万円のポートフォリオに比べると伸び率は見劣りするかもしれないが、分散による手堅さ（実現可能性の高さ）はこちらのポートフォリオに圧倒的に分がある。もちろん、ファンドの分散をさらに進めて積極運用の銘柄を組み込めば、期待リターンが高まるため、投資方針次第でいろいろな組み方ができるだろう。

〈ケース３〉――資産一億円【攻める編】

最後に、資産一億円の例を紹介しよう。ここまでの資産になると、いろいろ

5000万円を20年間運用した結果

ファンド	Tファンド	元本1000万円×（運用利回り1.09の20乗）×1.69（為替上昇分）≒9484万円
ファンド	ATファンド	元本1000万円×（運用利回り1.06の20乗）×1.69（為替上昇分）≒5427万円
ファンド	EPファンド	元本500万円×（運用利回り1.14の20乗）×1.69（為替上昇分）≒1億1629万円
海外口座		元本1000万円×（運用利回り1.03の20乗）×1.69（為替上昇分）≒3056万円
現物	金《きん》	元本600万円×（20年後に価格2倍）≒1200万円
現物	ドル	元本50万円×1.69（為替上昇分）≒85万円
現物	ダイヤモンド	元本350万円×2.5（20年後に価格2.5倍）≒875万円
国内運用		元本500万円×（運用利回り1.03の20乗）≒903万円

5000万円を20年間運用した時の利回りと資産額

(単位：万円)

資産の分類	銘柄	金額	利回り	為替	20年利回り(倍)	20年利回り(円建て)(倍)	20年後資産額
ファンド	T	1000	0.09	1.69	5.6	9.48	9484
ファンド	AT	1000	0.06	1.69	3.21	5.43	5427
ファンド	EP	500	0.14	1.69	13.74	23.26	11629
海外口座		1000	0.03	1.69	1.81	3.06	3056
現物	金《きん》	600			2.00	2.00	1200
現物	ドル	50		1.69		1.69	85
現物	ダイヤモンド	350			2.50	2.50	875
国内		500	0.03	1	1.81	1.81	903
						合計	32660

※注：
為替：130円→220円と想定　220÷130≒1.69となり為替で1.69倍になる。

上記シミュレーションは、各資産において過去の長期実績を元にした期待利回りにて、運用のパフォーマンスを試算したものである。

投資にはリスク（不確実性）があり、上記は「確率上起きやすい」結果であるものの、結果を保証するものではない点に留意されたい。


5000万円が20年後に3億2660万円になる

と工夫のしようがあり、やり方次第では大きく資産を殖やすことも、手堅く守って行くことも自在である。まず、積極的に攻める運用から見て行こう。分散割合は、おおよそ次の通りだ。

ファンド四〇%　海外口座二〇%　現物二〇%　国内二〇%〔攻める編〕

シミュレーションの前提条件は一〇〇〇万円のものと同一としている。

資金力がさらに上がることでファンドの選択肢もより広がる。リスクをとった積極運用として、利回りの高い銘柄も組み込んで行く。一〇〇〇万円コースでも採用した「MCファンド」に五〇〇万円、危機に強くかつ長期では高い収益期待のある「Tファンド」に一〇〇〇万円とし、一方で安定性も重視して「ATファンド」に一〇〇〇万円、「EPファンド」に一〇〇〇万円、「ACファンド」に五〇〇万円という分散で組んで行く。

「ACファンド」と「MCファンド」は、いずれも配当再投資をする前提で「ACファンド」が年一二%、「MCファンド」が年一五%を期待できるとしよう。すると、各々運用成績は二三〇～二三一ページの図の通りとなる。

以上を合計すると、およそ七億四二〇〇万円あまりとなる。七倍強という極めて強力な運用パワーを享受することができ、資産を大きく殖やすことが可能になったのだ。ファンドの割合は他の例に比べて少ないにも関わらず、このようなシミュレーション結果となるのには、利回りが高く魅力的な銘柄に複数分散することで、リスクを抑えつつ高い結果が目指せるおかげである。

〈参考〉――資産一億円【守る編】

参考までに、資産一億で「守りのポートフォリオ」を組んだ場合も見ておこう。大まかな分散比率は「攻めのポートフォリオ」から大きくは変えない。

ファンド四〇％　海外口座二〇％　現物二五％　国内一五％【守る編】

ただし、ファンドの銘柄はより安定的なものに見直す。具体的には、ハイリターン型の「ＭＣファンド」を外し、積極型からは「Ｔファンド」に一〇〇〇万円のみ、その他は安定型の「ＡＴファンド」に二〇〇〇万円、「ＥＰファンド」と「ＡＣファンド」に五〇〇万円ずつという分散で組んで行く。すると、

1億円を20年間運用した結果［攻める編］

ファンド	Tファンド	元本1000万円×（運用利回り0.09の20乗）×1.69（為替上昇分）≒9484万円
	ATファンド	元本1000万円×（運用利回り1.06の20乗）×1.69（為替上昇分）≒5427万円
	EPファンド	元本1000万円×（運用利回り1.14の20乗）×1.69（為替上昇分）≒2億3258万円
	ACファンド	元本500万円×（運用利回り1.12の20乗）×1.69（為替上昇分）≒8162万円
	MCファンド	元本500万円×（運用利回り1.15の20乗）×1.69（為替上昇分）≒1億3849万円
海外口座		元本2000万円×（運用利回り1.03の20乗）×1.69（為替上昇分）≒6113万円
現物	金《きん》	元本1200万円×（20年後に価格2倍）≒2400万円
	ドル	元本100万円×1.69（為替上昇分）≒169万円
	ダイヤモンド	元本700万円×2.5（20年後に価格2.5倍）≒1750万円
国内運用		元本2000万円×（運用利回り1.03の20乗）≒3612万円

1億円を20年間運用した時の利回りと資産額【攻める編】

(単位：万円)

資産の分類	銘柄	金額	比率	利回り	為替	20年利回り(倍)	20年利回り(円建て)(倍)	20年後資産額
ファンド	T	1000	0.1	0.09	1.69	5.60	9.48	9484
	AT	1000	0.1	0.06	1.69	3.21	5.43	5427
	EP	1000	0.1	0.14	1.69	13.74	23.26	23258
	AC	500	0.05	0.12	1.69	9.65	16.32	8162
	MC	500	0.05	0.15	1.69	16.37	27.70	13849
海外口座		2000	0.2	0.03	1.69	1.81	3.06	6113
現物	金《きん》	1200	0.12			2.00	2.00	2400
	ドル	100	0.01		1.69		1.69	169
	ダイヤモンド	700	0.07			2.50	2.50	1750
国内		2000	0.2	0.03	1	1.81	1.81	3612
							合計	74225

※注：
為替：130円→220円と想定　220÷130≒1.69となり為替で1.69倍になる。

上記シミュレーションは、各資産において過去の長期実績を元にした期待利回りにて、運用のパフォーマンスを試算したものである。

投資にはリスク（不確実性）があり、上記は「確率上起きやすい」結果であるものの、結果を保証するものではない点に留意されたい。


1億円が20年後に7億4225万円になる

1億円を20年間運用した結果［守る編］

ファンド	Tファンド	元本1000万円×（運用利回り1.09の20乗）×1.69（為替上昇分）≒9484万円
ファンド	ATファンド	元本2000万円×（運用利回り1.06の20乗）×1.69（為替上昇分）≒1億855万円
ファンド	ACファンド	元本500万円×（運用利回り1.12の20乗）×1.69（為替上昇分）≒8162万円
ファンド	EPファンド	元本500万円×（運用利回り1.14の20乗）×1.69（為替上昇分）≒1億1629万円
海外口座		元本2000万円×（運用利回り1.03の20乗）×1.69（為替上昇分）≒6113万円
現物	金《きん》	元本1500万円×（20年後に価格2倍）≒3000万円
現物	ドル	元本200万円×1.69（為替上昇分）≒338万円
現物	ダイヤモンド	元本800万円×2.5（20年後に価格2.5倍）≒2000万円
国内運用		元本1500万円×（運用利回り1.03の20乗）≒2709万円

1億円を20年間運用した時の利回りと資産額［守る編］

（単位：万円）

資産の分類	銘柄	金額	比率	利回り	為替	20年利回り(倍)	20年利回り(円建て)(倍)	20年後資産額
ファンド	T	1000	0.1	0.09	1.69	5.60	9.48	9484
ファンド	AT	2000	0.1	0.06	1.69	3.21	5.43	10855
ファンド	AC	500	0.05	0.12	1.69	9.65	16.32	8162
ファンド	EP	500	0.1	0.14	1.69	13.74	23.26	11629
海外口座		2000	0.2	0.03	1.69	1.81	3.06	6113
現物	金《きん》	1500	0.12			2.00	2.00	3000
現物	ドル	200	0.01		1.69		1.69	338
現物	ダイヤモンド	800	0.07			2.50	2.50	2000
国内		1500	0.2	0.03	1	1.81	1.81	2709
							合計	54291

※注：
為替：130円→220円と想定　220÷130≒1.69となり為替で1.69倍になる。

上記シミュレーションは、各資産において過去の長期実績を元にした期待利回りにて、運用のパフォーマンスを試算したものである。

投資にはリスク（不確実性）があり、上記は「確率上起きやすい」結果であるものの、結果を保証するものではない点に留意されたい。

1億円が20年後に5億4291万円になる

運用成績は二三二～二三三ページのようになる。

守りにシフトしたにも関わらず、合計で五億四二九〇万円となり、五・五倍近いパフォーマンスを出すに至った。これならば、仮にこれからの二〇年間があらゆる運用にとって最悪の環境であったとしても、少なくともスタートである一億円を死守することはそれほど難しいことではない上、むしろ伸びしろ期待の方が大きく将来が非常に楽しみだ。また、国内運用の組み方次第であるが、一度ポートフォリオを決めてしまえば見直しは原則として半年～一年に一回程度で十分になるため、手間をかけずに高い運用効果を期待できる。まさに「ほったらかし運用」の名にふさわしい、実に合理的なやり方と言えるだろう。

今始める投資が、あなたの未来を創る！

時間は、時にすさまじい力を発揮する。いかに分厚く固い大地も、一滴の水が穴を穿《うが》ち、流れが地面を削り、やがて広く深い溝となって分かたれる時がやってくる。本書でとり上げた一〇年や二〇年という年月は、大地を分かつその悠久の時に比べればごく一瞬だが、人間の社会やその中に生きる個々人の境遇を変えるには十分すぎるほどの力を持っている。

その力をまざまざと感じる最たるものの一つが、「投資」である。年にほんの数%という、一見するとごく少ない変化量であっても、それは年を経るごとに大きな差となり、適切に投資に取り組んだ人とそうでない人の差を圧倒的なまでに分かつのだ。そしてその差は、これからの時代を生きる人々にとって死活的な差となって行く。果たして私たちは、どちら側の大地に立つべきだろうか。人生を分けるこの選択に、私たちは理性を総動員させて挑む必要がある。

理性とは、人間固有の力であり、自身を制御する力だ。犬やサルなどの動物は、目の前におやつがあれば後先を考えずに食べてしまう。我慢すれば後でより美味しいものをより多く手に入れられる、ということを何度教え込んでも、どうしても我慢ができない。それは彼らが理性を持たず、本能に基づいて行動する動物だからだ。しかし、人間は違う。ひとたび学習すれば、それを活かしてより良い結果を得るための合理的な行動ができる。

そして私たちは、今を我慢して後に楽しみを残せばより豊かな人生を手に入れられることを知っている。今、仮に自由になるまとまったお金が手元にあるとしてそれを日常生活の余剰として使い切ってしまうのか、それともより豊かな将来のために投資元本にするのか。人それぞれの考え方があり、いずれが正解ということはないが、それはそのままその人の生き方、生き様につながって行くだろう。

むろん、資産が人を幸せにするわけではない。しかし不幸を最小化することはできる。また、お金は使いようでより大きな幸せを作り出すための有能な道具にもなる。私は本書を手にとった読者の皆さんには、一〇年、二〇年先のより豊かな人生に向けて行動を開始していただきたい。そして、本書を大いに参考にして、それを自らの手で掴みとっていただきたい。

皆さんの大いなる奮闘、そして投資の成功と輝かしい将来を掴みとることを切に祈る！

エピローグ

私はいずれ金持ちになると知っていた。
そしてそのことをわずかなりとも疑ったことはない。

（ウォーレン・バフェット）

あのバフェットも〝ほったらかし〟でお金持ちになった

世界一の大金持ちの一人であるあの米中西部ネブラスカ州オマハの賢人・ウォーレン・バフェットは、まさにこの「ほったらかし投資」の大名人である。しっかりした成長戦略と仕組みを持った会社をじっくり調べ上げ、なるべく安い時に買って、まさに一〇年、二〇年と長期に保有して行く。それも何百もの銘柄に分散投資するのではなく、一〇くらいの厳選銘柄に集中投資するのだ。

彼は、それだけで世界トップレベルの成績を上げ続けてきた。私たちも第二、第三のウォーレン・バフェットになろうではないか。

そのためには、いくつかの鉄則とそれなりの基礎知識の修得が必要だ。まずは本書を何度も読み返し、あなたの血となり肉としていただいて、「ほったらかし投資」の極意を掴んでほしい。そして一〇年後、二〇年後に立派な老後資金を手に入れて、誰もがうらやむシルバーライフを満喫していただきたい。

二〇二三年二月吉日

浅井　隆

■今後、『2026年 日本国破産〈対策編・下〉』『投資の王様』（すべて仮題）を順次出版予定です。ご期待下さい。

浅井隆からの重要なお知らせ

——恐慌および国家破産を勝ち残るための具体的ノウハウ

恐慌・国家破産への実践的な対策を伝授する会員制クラブ

◆「自分年金クラブ」「ロイヤル資産クラブ」「プラチナクラブ」

国家破産対策を本格的に実践したい方にぜひお勧めしたいのが、第二海援隊の一〇〇%子会社「株式会社日本インベストメント・リサーチ」（関東財務局長（金商）第九二六号）が運営する三つの会員制クラブ（**「自分年金クラブ」「ロイヤル資産クラブ」「プラチナクラブ」**）です。

まず、この三つのクラブについて簡単にご紹介しましょう。**「自分年金クラブ」**は資産一〇〇〇万円未満の方向け、**「ロイヤル資産クラブ」**は資産一〇〇〇万～数千万円程度の方向け、そして最高峰の**「プラチナクラブ」**は資産一億円以上の方向け（ご入会条件は資産五〇〇〇万円以上）で、それぞれの資産規模に応じた魅力的な海外ファンドの銘柄情報や、国内外の金融機関の活用法に関する情報を提供しています。

恐慌・国家破産は、なんと言っても海外ファンドや海外口座といった「海外の活用」が極めて有効な対策となります。特に海外ファンドについては、私たちは早くからその有効性に注目し、二〇年以上にわたって世界中の銘柄を調査してまいりました。本物の実力を持つ海外ファンドの中には、恐慌や国家破産といった有事に実力を発揮するのみならず、平時には資産運用としても魅力的なパフォーマンスを示すものがあります。こうした情報を厳選してお届けするのが、三つの会員制クラブの最大の特長です。

その一例をご紹介しましょう。三クラブ共通で情報提供する「ATファンド」は、年率五~七%程度の収益を安定的に挙げています。これは、たとえば年率七%なら三〇〇万円を預けると毎年約二〇万円の収益を複利で得られ、およそ一〇年で資産が二倍になる計算となります。しかもこのファンドは、二〇一四年の運用開始から一度もマイナスを計上したことがないという、極めて優秀な運用実績を残しています。日本国内の投資信託などではとても信じられない数字ですが、世界中を見渡せばこうした優れた銘柄はまだまだあるのです。

冒頭にご紹介した三つのクラブでは、「ATファンド」をはじめとしてより高い収益力が期待できる銘柄や、恐慌などの有事により強い力を期待できる銘柄など、様々な魅力を持ったファンド情報をお届けしています。なお、資産規模が大きいクラブほど、とり扱い銘柄数も多くなっております。

また、ファンドだけでなく金融機関選びも極めて重要です。単に有事にも耐え得る高い信頼性というだけでなく、各種手数料の優遇や有利な金利が設定されている、日本にいながらにして海外の市場と取引ができるなど、金融機関も様々な特長を持っています。こうした中から、各クラブでは資産規模に適した、魅力的な条件を持つ国内外の金融機関に関する情報を提供し、またその活用方法についてもアドバイスしています。

その他、国内外の金融ルールや国内税制などに関する情報など資産防衛に有用な様々な情報を発信、会員の皆さんの資産に関するご相談にもお応えしております。浅井隆が長年研究・実践してきた国家破産対策のノウハウを、ぜひあなたの大切な資産防衛にお役立て下さい。

■詳しいお問い合わせは「㈱日本インベストメント・リサーチ」

TEL：〇三（三二九一）七二九一　FAX：〇三（三二九一）七二九二

Eメール：info@nihoninvest.co.jp

株で資産を作れる時代がやってきた！〝四つの株投資クラブ〟のご案内

一、「㊙株情報クラブ」

「㊙株情報クラブ」は、普通なかなか入手困難な日経平均の大きなトレンド、現物個別銘柄についての特殊な情報を少人数限定の会員制で提供するものです。しかも、「ゴールド」と「シルバー」の二つの会があります。目標は、提供した情報の八割が予想通りの結果を生み、会員の皆さんの資産が中長期的に大きく殖えることとです。そのために、日経平均については著名な「カギ足」アナリストの川上明氏が開発した「T1システム」による情報提供を行ないます。川上氏はこれまでも多くの日経平均の大転換を当てていますので、これからも当クラブに入会された方の大きな力になると思います。

また、その他の現物株（個別銘柄）については短期と中長期の二種類に分けて情報提供を行ないます。短期については川上明氏開発の「T14」「T16」という二つのシステムにより日本の上場銘柄をすべて追跡・監視し、特殊な買いサインが出ると即買いの情報を提供いたします。そして、買った値段から一〇％上昇したら即売却していただき、利益を確定します。この「T14」「T16」は、これまでのところ当たった実績が九八％という驚異的なものとなっております（二〇一五年一月～二〇二〇年六月におけるシミュレーション）。

さらに中長期的銘柄としては、浅井の特殊な人脈数人および第二海援隊の一〇〇％子会社である㈱日本インベストメント・リサーチの専任スタッフが選び抜いた日・米・中三ヵ国の成長銘柄を情報提供いたします。特に、スイス在住の市場分析・研究家、吉田耕太郎氏の銘柄選びには定評があります。参考までに、吉田氏が選んだ三つの過去の銘柄の実績を挙げておきます（「㊙株情報クラブ」発足時の情報です）。

まず一番目は、二〇一三年に吉田氏が推奨した「フェイスブック」（現「メタ」）。当時二七ドルでしたが、それが三〇〇ドル超になっています。つまり、七～八年で一〇倍というすさまじい成績を残しています。二番目の銘柄としては、「エヌビディア」です。こちらは二〇一七年、一〇〇ドルの時に推奨し、六〇〇ドル超となっていますので、四年で六倍以上です。さらに三番目の銘柄の「アマゾン」ですが、二〇一六年、七〇〇ドルの時に推奨し、三二〇〇ドル超です。こちらは五年で四・五倍です。こういった銘柄を中長期的に持つということは、皆さんの財産形成において大きく資産を殖やせるものと思われます。

そこで、「ゴールド」と「シルバー」の違いを説明いたしますと、「ゴールド」は小さな銘柄も含めて年四～八銘柄を皆さんに推奨する予定です。これはあくまでも目標で年平均なので、多い年と少ない年があるのはご了承下さい。「シルバー」に関しては、小さな銘柄（売買が少なかったり、上場されてはいるが出来高が非常に少ないだけではなく時価総額も少なくてちょっとしたお金でも株価が大きく動く銘柄）は情報提供をいたしません。これは、情報提供をするとそれだけで上がる危険性があるためです（「ゴールド」は人数が少ないので小さな銘柄も情報提供いたします）。そのため、「シルバー」の推奨銘柄は年三～六銘柄と少なくなっております。

「ゴールド」はまさに少人数限定二〇名のみ、「シルバー」も六〇名限定となっております。「シルバー」は二次募集をする可能性もあります。

クラブは二〇二二年六月よりサービスを開始しており、すでに会員の皆さんへ有用な情報をお届けしております。

なお、二〇二二年六月二六日に無料説明会（「㊙株情報クラブ」「ボロ株クラブ」合同）を第二海援隊隣接セミナールームにて開催いたしました。その時のCDを二〇〇〇円（送料込み）にてお送りしますのでお問い合わせ下さい。

皆さんの資産を大きく殖やすという目的のこの二つのクラブは、皆さんに大変有益な情報提供ができると確信しております。奮ってご参加下さい。

■お問い合わせ先：㈱日本インベストメント・リサーチ「㊙株情報クラブ」

TEL：〇三（三二九一）七二九一　FAX：〇三（三二九一）七二九二

Eメール：info@nihoninvest.co.jp

二、「ボロ株クラブ」

「ボロ株」とは、主に株価が一〇〇円以下の銘柄を指します。何らかの理由で売り叩かれ、投資家から相手にされなくなった〝わけアリ〟の銘柄もたくさんあり、証券会社の営業マンがお勧めすることもありませんが、私たちはそこにこそ収益機会があると確信しています。

過去一〇年、〝株〟と聞くと多くの方は成長の著しいアメリカのICT（情報通信技術）関連の銘柄を思い浮かべるのではないでしょうか。アップルやFANG（フェイスブック〈現「メタ」〉、アマゾン、ネットフリックス、グーグル）、さらには大手EVメーカーのテスラといったICT銘柄の騰勢は目を見張るほどでした。しかし、こうした銘柄はボラティリティが高くよほどの〝腕〟が求められることでしょう。

「人の行く裏に道あり花の山」という相場の格言があります。「人はとかく群集心理で動きがちだ。いわゆる付和雷同である。ところが、それでは大きな成功は得られない。むしろ他人とは反対のことをやった方が、上手く行く場合が多い」とこの格言は説いています。すなわち、私たちはなかば見捨てられた銘柄にこそ大きなチャンスが眠っていると考えています。実際、「ボロ株」はしばしば大化けします。事実として先に開設されている「日米成長株投資クラブ」で情報提供した低位株（「ボロ株」を含む株価五〇〇円以下の銘柄）は、二〇一九～二〇年に多くの実績を残しました。

もちろん、やみくもに「ボロ株」を推奨して行くということではありません。弊社が懇意にしている「カギ足」アナリスト川上明氏の分析を中心に、さらには同氏が開発した自動売買判断システム「ＫＡＩ―解―」からの情報も取り入れ、短中長期すべてをカバーしたお勧めの取引（銘柄）をご紹介します。

構想から開発までに十数年を要した「ＫＡＩ」には、すでに多くの判断システムが組み込まれていますが、「ボロ株クラブ」ではその中から「Ｔ８」というシステムによる情報を取り入れています。Ｔ８の戦略を端的に説明しますと、「ある銘柄が急騰し、その後に反落、そしてさらにその後のリバウンド（反騰）

を狙う」となります。

川上氏のより具体的な説明を加えましょう――「ある銘柄が急騰すると、利益確定に押され急落する局面が往々にしてあるが、出遅れ組の押し目が入りやすい。すなわち、急騰から反落の際には一度目の急騰の際に買い逃した投資家の買いが入りやすい」。過去の傾向からしても、およそ七割の確率でさらなるリバウンドが期待できるとのことです。そして、リバウンド相場は早く動くことが多いため、投資効率が良くデイトレーダーなどの個人投資家にとってはうって付けの戦略と言えます。川上氏は、生え抜きのエンジニアと一緒に一九九〇～二〇一四年末までのデータを使ってパラメータ（変数）を決定し、二〇一五年一月四日～二〇二〇年五月二〇日までの期間で模擬売買しています。すると、勝率八割以上という成績になりました。一銘柄ごとの平均リターンは約五％強ですが、「ボロ株クラブ」では、「T８」の判断を基に複数の銘柄を取引することで目標年率二〇％以上を目指します。

これら情報を複合的に活用することで、年率四〇％も可能だと考えています。

年会費も第二海援隊グループの会員の皆さんにはそれぞれ割引サービスをご用意しております。詳しくは、お問い合わせ下さい。また、「ボロ株」の「時価総額や出来高が少ない」という性質上、無制限に会員様を募ることができません。一〇〇名を募集上限（第一次募集）とします。

■お問い合わせ先：㈱日本インベストメント・リサーチ「ボロ株クラブ」

ＴＥＬ：〇三（三二九一）七二九一　ＦＡＸ：〇三（三二九一）七二九二

Ｅメール：info@nihoninvest.co.jp

三、「日米成長株投資クラブ」

世界経済の潮流は、「低インフレ・低金利」から「高インフレ・高金利」に大きく様変わりしました。資産の防衛・運用においても、長期的なインフレ局面に則した考え方、取り組みが必要となります。

端的に言えば、インフレでは通貨価値が減少するため、現金や預金で資産を持つのは最悪手となります。リスクをとって、積極的な投資行動に打って出ることが極めて有効かつ重要となります。中でも、「株式投資」は誰にでも取り組みやすく、しかもやり方次第では非常に大きな成果を挙げ、資産を増大させることが可能です。

浅井隆は、インフレ時代の到来と株式投資の有効性に着目し、インフレトレンドが本格化する前の二〇一八年、「日米成長株投資クラブ」を立ち上げ、株式に関する情報提供、助言を行なってきました。クラブの狙いは、株式投資に特化しつつも経済トレンドの変化にも対応するという、他にはないユニークな情報を提供する点です。現代最高の投資家であるウォーレン・バフェット氏とジョージ・ソロス氏の投資哲学を参考として、割安な株、成長期待の高い株を見極め、じっくり保有するバフェット的発想と、経済トレンドを見据えた大局観の投資判断を行なって行くソロス的手法を両立することで、大激動を逆手にとり、「二〇年後に資産一〇倍」を目指します。

経済トレンド分析には、私が長年信頼するテクニカル分析の専門家、川上明氏による「カギ足分析」を主軸としつつ、長年多角的に経済トレンドの分析を行なってきた浅井隆の知見も融合して行きます。川上氏のチャート分析は極めて強力で、たとえば日経平均では三三年間で約七割の驚異的な勝率を叩き出しています。

また、個別銘柄については発足から二〇二三年一月までに延べ五〇銘柄程度を情報提供してきましたが、多くの銘柄で良好な成績を残し、会員の皆様に収益機会となる情報をお届けすることができました。これらの銘柄の中には、低位小型株から比較的大型のものまで含まれており、中には短期的に連日ストップ高を記録し数倍に大化けしたものもあります。

会員の皆様には、こうした情報を十分に活用していただき、当クラブにて大激動をチャンスに変えて大いに資産形成を成功させていただきたいと考えております。ぜひこの機会を逃さずにお問い合わせください。サービス内容は以下の通りです。

1・浅井隆、川上明氏（テクニカル分析専門家）が厳選する国内の有望銘柄の情報提供

2．株価暴落の予兆を分析し、株式売却タイミングを速報
3．日経平均先物、国債先物、為替先物の売り転換、買い転換タイミングを速報
4．バフェット的発想による、日米の長有望成長株銘柄を情報提供

詳しいお問い合わせは「㈱日本インベストメント・リサーチ」
TEL：〇三（三二九一）七二九一　FAX：〇三（三二九一）七二九二
Eメール：info@nihoninvest.co.jp

四、「オプション研究会」

二〇二二年年二月、突如として勃発したロシアのウクライナ侵攻によって、冷戦終結から保たれてきた平和秩序は打ち破られ、世界はまったく新しい局面を迎えました。これから到来する時代は、「平和と繁栄」から「闘争と淘汰」という厳しいものになるかもしれません。そして、天文学的債務を抱える日本においては、財政破綻、徳政令、株価暴落といった経済パニックや、台湾有事な

ど地政学的なリスク、さらには東南海地震や首都直下地震などの天災など、様々な激動に見舞われるでしょう。

もちろん、こうした激動の時代には大切な資産も大きなダメージを受けることになります。一見すると絶望的にも思われますが、実は考え方を変えれば「激動の時代＝千載一遇の投資のチャンス」にもなるのです。そして、それを実現するための極めて有効な投資の一つが「オプション取引」なのです。

「オプション取引」は、株式などの一般的な取引とは異なり、短期的な市場の動きに大きく反応し、元本の数十〜一〇〇〇倍以上もの利益を生み出すこともあるものです。そうした大きな収益機会を、「買い建て」のみで取り組むことで、損失リスクを限定しながら掴むことができるのです。激動の時代には市場も大きく揺れ動き、「オプション取引」においても前述したような巨大な収益機会がたびたび生まれることになります。もちろん、市場が暴落した時のみならず、急落から一転して大反騰した時にもそうしたチャンスが発生し、それを活用することができます。市場の上げ、下げいずれもがチャンスとなるわけです。

「オプション取引」の重要なポイントを今一度まとめます。

- 非常に短期（数日～一週間程度）で、数十倍から数百倍の利益を上げることも可能
- しかし、「買い建て」取引のみに限定すれば、損失は投資額に限定できる
- 恐慌、国家破産などで市場が大荒れするほどに収益機会が広がる
- 最低投資額は一〇〇〇円（取引手数料は別途）
- 株やＦＸと異なり、注目すべき銘柄は基本的に「日経平均株価」の動きのみ
- 給与や年金とは分離して課税される（税率約二〇％）

こうした極めて魅力的な特長を持つ「オプション取引」ですが、これを活用するにはオプションとその取引方法に習熟することが必須となります。オプションの知識習得と、パソコンやスマホによる取引操作の習熟が大きなカギですが、「オプション取引」はこれらの労を割くに値するだけの強力な「武器」になり得ます。

もしあなたが、これからの激動期を「オプション取引」で挑んでみたいとお

考えであれば、第二海援隊グループがその習熟を「情報」と「助言」で強力に支援いたします。二〇一八年一〇月に発足した「オプション研究会」では、「オプション取引」はおろか株式投資など他の投資経験もないという方にも、道具の揃え方から基本知識の伝授、投資の心構え、市況変化に対する考え方や収益機会のとらえ方など、初歩的な事柄から実践にいたるまで懇切丁寧に指導いたします。

また二〇二一年秋には収益獲得のための新たな戦略「三〇％複利戦法」を開発し、会員様への情報提供を開始しました。「オプション取引」は、大きな収益を得られる可能性がある反面、収益局面を当てるのが難しいという傾向がありますが、新戦略では利益率を抑える代わりに勝率を上げることを目指していきます。こうした戦略もうまく使うことで、「オプション取引」の面白さを実感していただけると考えております。これからの「恐慌経由、国家破産」というピンチをチャンスに変えようという意欲がある方のご入会を心よりお待ちしております。

※なお、オプション研究会のご入会には、「日米成長株投資クラブ」の会員であることが条件となります。また、ご入会時には当社規定に基づく審査があります。あらかじめご了承ください。

「㈱日本インベストメント・リサーチ オプション研究会」担当 山内・稲垣・関
TEL：〇三（三二九一）七二九一 FAX：〇三（三二九一）七二九二
Eメール：info@nihoninvest.co.jp

◆「オプション取引」習熟への近道を知るための「セミナーDVD・CD」発売中

「オプション取引」の習熟を全面支援し、また取引に参考となる市況情報なども提供する「オプション研究会」。その概要を知ることができる「DVD／CD」を用意しています。

■「オプション研究会 無料説明会 受講DVD／CD」■

浅井隆自らがオプション投資の魅力と活用のポイントについて解説し、また専任スタッフによる「オプション研究会」の具体的内容を説明した「オプション研究会 無料説明会」（二〇一八年一二月一五日開催）の模様を収録したDVD／CDです。「浅井隆からのメッセージを直接聞いてみたい」「オプション研究会への理解を深めたい」という方は、ぜひご入手下さい。

「オプション研究会 無料説明会 受講DVD／CD」（約一六〇分）

価格 DVD 三〇〇〇円（送料込）／CD 二〇〇〇円（送料込）

※お申込み確認後、約一〇日で代金引換にてお届けいたします。

■以上、「オプション研究会」、DVD／CDに関するお問い合わせは、

㈱日本インベストメント・リサーチ「オプション研究会」担当：山内・稲垣・関

TEL：〇三（三二九一）七二九一　FAX：〇三（三二九一）七二九二

Eメール：info@nihoninvest.co.jp

厳しい時代を賢く生き残るために必要な情報を収集するために

私が以前から警告していた通り、いまや世界は歴史上最大最悪の約三京円という額の借金を抱え、それが新型コロナをきっかけとして二〜三年以内に大逆回転しそうな情勢です。中でも日本国政府の借金は先進国中最悪で、この国はいつ破産してもおかしくない状況です。そんな中、あなたと家族の生活を守るためには、二つの情報収集が欠かせません。

一つは「国内外の経済情勢」に関する情報収集、もう一つは国家破産対策としての「海外ファンド」や「海外の銀行口座」に関する情報収集です。これらについては、新聞やテレビなどのメディアやインターネットでの情報収集だけでは十分とは言えません。私はかつて新聞社に勤務し、以前はテレビに出演をしたこともありますが、その経験から言えることは「新聞は参考情報。テレビはあくまでショー（エンターテインメント）」だということです。インターネットも含め、誰もが簡単に入手できる情報でこれからの激動の時代を生き残って行くことはできません。
皆さんにとって、最も大切なこの二つの情報収集には、第二海援隊グループ（代表：浅井隆）が提供する特殊な情報と具体的なノウハウをぜひご活用下さい。

◆浅井隆のナマの声が聞ける講演会

著者・浅井隆の講演会を開催いたします。二〇二三年は大阪・五月一二日（金）、名古屋・五月一九日（金）、東京・五月二六日（金）、札幌・六月二日（金）で予定しております。経済の最新情報をお伝えすると共に、生き残りの具体的な対策を詳しく、わかりやすく解説いたします。

活字では伝えることのできない、肉声による貴重な情報にご期待下さい。

■詳しいお問い合わせ先は、㈱第二海援隊

ＴＥＬ：〇三（三二九一）六一〇六　ＦＡＸ：〇三（三二九一）六九〇〇

Ｅメール：info@dainikaientai.co.jp

◆"恐慌および国家破産対策"の入口
「経済トレンドレポート」

電子版も好評配信中！

皆さんに特にお勧めしたいのが、浅井隆が取材した特殊な情報をいち早くお届けする「経済トレンドレポート」です。今まで、数多くの経済予測を的中させてきました。そうした特別な経済情報を年三三回（一〇日に一回）発行のレポートでお届けします。初心者や経済情報に慣れていない方にも読みやすい内

第795号

経済トレンドレポート
浅井情報ネットワーク

特別緊急 NEWS FLASH
世界はすでに巨大インフレモード
――早ければ今秋、食糧危機の可能性も

日本にいると全く気付かないが、海外ではすでにかなりすさまじいインフレが起き始めており、その波は世界中でうねりをあげている。

現在、韓国ではインフレで大騒ぎの状態にあり、3月4月とも8%の物価上昇を記録し、玉子の価格が50%上昇している。スーパーでの買い物で正月に10,000円出して購入できたものが、今は2倍の20,000円でも購入できないということで主婦が悲鳴を上げている。以前、経済トレンドレポートで"ネギテク"という言葉を紹介したとおり、ネギは特にひどく価格が4倍にもなっており、自宅のテラスでネギを栽培するなどの節約法が流行っているという。この食糧高騰の動きは、一部日本でも起こっており、米国産の牛タンは仕入れ値が2.5倍になったというわけで、牛タン料理を出す店は採算に合わないと、一部別の肉に変えるなどしているほどだ。

高騰したのは食糧に限らない。特にアメリカや中国、イギリスなどの不動産は暴騰しており、どこも異常な状況だ。アメリカで木材の価格が4倍となり、その影響から日本で住宅の建設を請け負った工務店が建築素材の高騰でパニックとなり、建築中止を決めた例も出てきた。

ブルームバーグによると、世界の住宅市場は狂乱状態にある。世界の住宅価格上昇率は年間2桁台と、これは2006年のリーマン・ショック前のペースと同じである。アメリカ、コネチカット州では、買い手は価格を提示する前に物件を見ることもできない状態だ。155万米ドル（1.7億円）で売り出されたばかりの物件を内覧する予約ができなかった買い手は、契約する前に家の中を見せてくれることを条件に、売り出し価格を上回る額での購入を提案したという。他にも、オーストラリアのシドニー中心部から南へ7kmのところにある空き家は、台所もトイレもなく電気も来ておらず、床や壁は裸のままと見捨てられたような状態だったが、白熱した入札合戦の末になんと470万豪ドル（4億円）で落札されたという。同じオセアニア圏のニュージーランドでは不動産の上昇率は年30%に上るなど、世界中の至るところで日本の不動産バブルを彷彿させる事態が起きている。

経済トレンドレポート 2021年7月10日 —2— ©2021 株式会社第二海援隊

2021年7月10日号

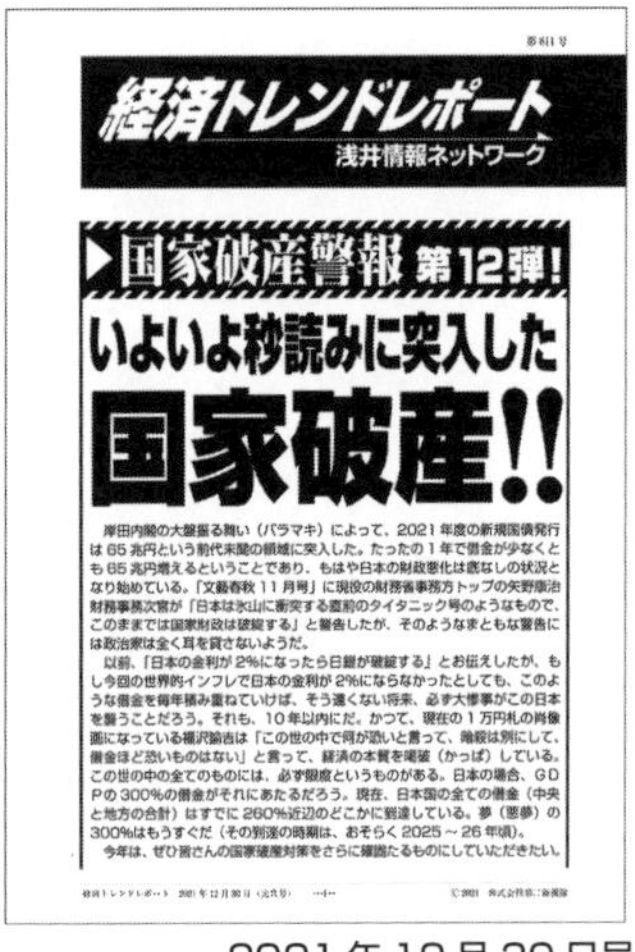

第811号

経済トレンドレポート
浅井情報ネットワーク

▶国家破産警報 第12弾！
いよいよ秒読みに突入した
国家破産!!

岸田内閣の大盤振る舞い（バラマキ）によって、2021年度の新規国債発行は65兆円という前代未聞の領域に突入した。たったの1年で借金が少なくとも65兆円増えるということであり、もはや日本の財政悪化は底なしの状況となり始めている。「文藝春秋11月号」に現役の財務省事務方トップの矢野康治財務事務次官が「日本は氷山に衝突する直前のタイタニック号のようなもので、このままでは国家財政は破綻する」と警告したが、そのようなまともな警告には政治家は全く耳を貸さないようだ。

以前、「日本の金利が2%になったら日銀が破綻する」とお伝えしたが、もし今回の世界的インフレで日本の金利が2%にならなかったとしても、このような借金を毎年積み重ねていけば、そう遠くない将来、必ず大惨事がこの日本を襲うことだろう。それも、10年以内にだ。かつて、現在の1万円札の肖像画になっている福沢諭吉は「この世の中で何が恐いと言って、暗殺は別にして、借金ほど恐いものはない」と言って、経済の本質を喝破（かっぱ）している。この世の中の全てのものには、必ず限度というものがある。日本の場合、GDPの300%の借金がそれにあたるだろう。現在、日本国の全ての借金（中央と地方の合計）はすでに260%近辺のどこかに到達している。夢（悪夢）の300%はもうすぐだ（その到達の時期は、おそらく2025～26年頃）。

今年は、ぜひ皆さんの国家破産対策をさらに確固たるものにしていただきたい。

経済トレンドレポート 2021年12月30日（元旦号） —4— ©2021 株式会社第二海援隊

2021年12月30日号

「経済トレンドレポート」は情報収集の手始めとしてぜひお読みいただきたい。

容で、新聞やインターネットに先立つ情報や、大手マスコミとは異なる切り口からまとめた情報を掲載しています。

さらにその中で、恐慌、国家破産に関する『特別緊急警告』『恐慌警報』『国家破産警報』も流しております。「激動の二一世紀を生き残るために対策をしなければならないことは理解したが、何から手を付ければよいかわからない」「経済情報をタイムリーに得たいが、難しい内容には付いて行けない」という方は、最低でもこの経済トレンドレポートをご購読下さい。年間、約三万円で生き残るための情報を得られます。また、経済トレンドレポートの会員になられますと、当社主催の講演会など様々な割引・特典を受けられます。

■詳しいお問い合わせ先は、㈱第二海援隊　担当：島﨑
TEL：〇三（三二九一）六一〇六　FAX：〇三（三二九一）六九〇〇
Eメール：info@dainikaientai.co.jp
ホームページアドレス：http://www.dainikaientai.co.jp/

◆「ダイヤモンド投資情報センター」

現物資産を持つことで資産保全を考える場合、小さくて軽いダイヤモンドは持ち運びも簡単で、大変有効な手段と言えます。近代画壇の巨匠・藤田嗣治は第二次世界大戦後、混乱する世界を渡り歩く際、資産として持っていたダイヤモンドを絵の具のチューブに隠して持ち出し、渡航後の糧にしました。金《きん》（ゴールド）だけの資産防衛では不安という方は、ダイヤモンドを検討するのも一手でしょう。しかし、ダイヤモンドの場合、金《きん》とは違って公的な市場が存在せず、専門の鑑定士がダイヤモンドの品質をそれぞれ一点ずつ評価して値段が決まるため、売り買いは金《きん》に比べるとかなり難しいという事情があります。そのため、信頼できる専門家やとり扱い店と巡り合えるかが、ダイヤモンドでの資産保全の成否の分かれ目です。

そこで、信頼できるルートを確保し業者間価格の数割引という価格での購入が可能で、ＧＩＡ（米国宝石学会）の鑑定書付きという海外に持ち運んでも適正価格での売却が可能な条件を備えたダイヤモンドの売買ができる情報を提供いたします。

ご関心がある方は「ダイヤモンド投資情報センター」にお問い合わせ下さい。
■お問い合わせ先：㈱第二海援隊　ＴＥＬ：〇三（三二九一）六一〇六　担当：大津

◆二度とできない特別緊急講演会を収録したCD／DVD発売！

日本国政府の中枢で約半年前まで活躍されており、文藝春秋二〇二一年一一月号に「このままでは国家財政は破綻する」という衝撃のレポートを書いた、あの矢野康治前財務次官が、去る二〇二二年一一月一八日に読者の皆さんのために特別なご講演をされました。

今回、特別に当日のＣＤ・ＤＶＤを発売いたします。内容は、矢野氏のご講演の他、浅井隆からの鋭い質疑応答も盛り込んだもので、当日使用した資料もお付けします。他では決して聞くことができない必聴のレクチャーなので、この機会にぜひお買い求め下さい。

「前財務次官 矢野康治氏特別緊急講演会 受講CD／DVD」
価格 CD 二万二〇〇〇円（送料込）
DVD 二万五〇〇〇円（送料込）
※ご入金確認後、準備が整い次第、順次お届けいたします。

■詳しいお問い合わせ先は、㈱第二海援隊 担当：齋藤
TEL：〇三（三二九一）六一〇六 FAX：〇三（三二九一）六九〇〇
Eメール：info@dainikaientai.co.jp

◆『浅井隆と行くニュージーランド視察ツアー』

南半球の小国でありながら独自の国家戦略を掲げる国、ニュージーランド。ロシアのウクライナ侵攻で世界中が騒然とする中、この国が今、「世界で最も安全な国」として脚光を浴びています。核や自然災害の脅威、資本主義の崩壊に備え、世界中の大富豪がニュージーランドに広大な土地を購入し、サバイバル施設を建設しています。さらに、財産の保全先（相続税、贈与税、キャピタル

ゲイン課税がありません）、移住先としてもこれ以上の国はないかもしれません。そのニュージーランドを浅井隆と共に訪問する、「浅井隆と行くニュージーランド視察ツアー」を開催しております（次回は二〇二三年一一月に予定しております）。現地では、浅井の経済最新情報レクチャーもございます。内容の充実した素晴らしいツアーです。ぜひ、ご参加下さい。

■お問い合わせ先：㈱第二海援隊　TEL：〇三（三二九一）六一〇六　担当：大津

◆「核攻撃標的マップ」販売！

日本国土上の核攻撃目標となり得るところ（米軍関連基地、自衛隊のターゲットとなり得る基地、原発など、ロシアがターゲットとしている大都市）を大きな日本地図に書き込んだ地図を読者限定でお分けしたいと思います（消費税・送料込みで一枚三〇〇〇円）。さらに洋書『Nuclear Battlefields』（核戦場）に記された日本の危険な目標物をまとめたコピーも特典として同封します。ご希望の方は、ぜひお問い合わせ下さい。

■お問い合わせ先：TEL：〇三（三二九一）六一〇六　担当：齋藤

◆あなたの本を作ってみませんか

「これまでの人生をまとめた本を作りたい」「家族の思い出をまとめたい」「趣味の写真を本にしたい」「自分の会社の社史を編纂したい」……。人生の節目で、あなたの想いや足跡をかたちにしてみませんか？　私たち第二海援隊出版部がお手伝いをさせていただきます。漠然とした想いだけでも構いません。その方のご希望に沿った冊数（少部数でもご相談下さい）、形式、ご予算でご相談に乗らせていただきます。ぜひ一度ご相談下さい（原則、一般流通は致しません）。

■相談窓口：㈱第二海援隊　TEL：〇三（三二九一）一八二一　担当：山上

◆第二海援隊ホームページ

第二海援隊では様々な情報をインターネット上でも提供しております。詳しくは「第二海援隊ホームページ」をご覧下さい。私ども第二海援隊グループは、皆さんの大切な財産を経済変動や国家破産から守り殖やすためのあらゆる情報提供とお手伝いを全力で行ないます。

また、浅井隆によるコラム「天国と地獄」を連載中です。経済を中心に長期的な視野に立って浅井隆の海外をはじめ現地生取材の様子をレポートするなど、独自の視点からオリジナリティあふれる内容をお届けします。

■ホームページアドレス：http://www.dainikaientai.co.jp/

第二海援隊
ＨＰはこちら

〈参考文献〉
【新聞・通信社】
『日本経済新聞』『毎日新聞』
『ニューヨーク・タイムズ』『ブルームバーグ』『ロイター』

【拙著】
『大恐慌サバイバル読本〈下〉』（第二海援隊）
『2026年日本国破産〈現地突撃レポート編〉』（第二海援隊）
『2026年日本国破産〈対策編・上〉』（第二海援隊）

【その他】
『映画　老後の資金がありません』
バークシャーハサウェイ社　2014年2月『株主への手紙』
『ロイヤル資産クラブレポート』『経済トレンドレポート』

【ホームページ】
フリー百科事典『ウィキペディア』
『内閣府』『財務省』『厚生労働省』『金融庁』『国税庁』『日本銀行』
『金融広報中央委員会』『公益財団法人・生命保険文化センター』
『ＯＥＣＤ』『ウォール・ストリート・ジャーナル』『エコノミスト』
『CNBC make it』『The Motley Fool』『宝くじ公式サイト』
『日本経済研究センター』

〈著者略歴〉

浅井　隆　（あさい　たかし）

経済ジャーナリスト。1954年東京都生まれ。学生時代から経済・社会問題に強い関心を持ち、早稲田大学政治経済学部在学中に環境問題研究会などを主宰。一方で学習塾の経営を手がけ学生ビジネスとして成功を収めるが、思うところあり、一転、海外放浪の旅に出る。帰国後、同校を中退し毎日新聞社に入社。写真記者として世界を股にかける過酷な勤務をこなす傍ら、経済の猛勉強に励みつつ独自の取材、執筆活動を展開する。現代日本の問題点、矛盾点に鋭いメスを入れる斬新な切り口は多数の月刊誌などで高い評価を受け、特に1990年東京株式市場暴落のナゾに迫る取材では一大センセーションを巻き起こす。

その後、バブル崩壊後の超円高や平成不況の長期化、金融機関の破綻など数々の経済予測を的中させてベストセラーを多発し、1994年に独立。1996年、従来にないまったく新しい形態の21世紀型情報商社「第二海援隊」を設立し、以後約20年、その経営に携わる一方、精力的に執筆・講演活動を続ける。

主な著書：『大不況サバイバル読本』『日本発、世界大恐慌！』（徳間書店）『95年の衝撃』（総合法令出版）『勝ち組の経済学』（小学館文庫）『次にくる波』（PHP研究所）『Human Destiny』（『9・11と金融危機はなぜ起きたか!?〈上〉〈下〉』英訳）『いよいよ政府があなたの財産を奪いにやってくる!?』『徴兵・核武装論〈上〉〈下〉』『最後のバブルそして金融崩壊『国家破産ベネズエラ突撃取材』『都銀、ゆうちょ、農林中金まで危ない!?』『デイトレ・ポンちゃん』『巨大インフレと国家破産』『年金ゼロでやる老後設計』『ボロ株投資で年率40％も夢じゃない!!』『2030年までに日経平均10万円、そして大インフレ襲来!!』『コロナでついに国家破産』『瞬間30％の巨大インフレがもうすぐやってくる!!』『老後資金枯渇』『2022年インフレ大襲来』『2026年日本国破産〈警告編〉』『日本は第2のウクライナとなるのか!?』『極東有事――あなたの町と家族が狙われている！』『2026年日本国破産〈あなたの身に何が起きるか編〉』『オレが香港ドルを暴落させる　ドル/円は150円経由200円へ！』『巨大食糧危機とガソリン200円突破』『2025年の大恐慌』『2026年日本国破産〈現地突撃レポート編〉』『1ドル＝200円時代がやってくる!!』『ドル建て金持ち、円建て貧乏』『2026年日本国破産〈対策編・上〉』（第二海援隊）など多数。


20年ほったらかして1億円の老後資金を作ろう！

2023年4月12日　初刷発行

著　者　浅井　隆＋日本インベストメント・リサーチ
発行者　浅井　隆
発行所　株式会社　第二海援隊
〒101-0062
東京都千代田区神田駿河台２-５-１　住友不動産御茶ノ水ファーストビル８Ｆ
電話番号　03-3291-1821　　ＦＡＸ番号　03-3291-1820

印刷・製本／株式会社シナノ

　ISBN978-4-86335-232-2

Printed in Japan

第二海援隊発足にあたって

日本は今、重大な転換期にさしかかっています。にもかかわらず、私たちはこの極東の島国の上で独りよがりのパラダイムにどっぷり浸かって、まだ太平の世を謳歌しています。

しかし、世界はもう動き始めています。その意味で、現在の日本はあまりにも「幕末」に似ているのです。ただ、今の日本人には幕末の日本人と比べて、決定的に欠けているものがあります。それこそ、志と理念です。現在の日本は世界一の債権大国（＝金持ち国家）に登り詰めはしましたが、人間の志と資質という点では、貧弱な国家になりはててしまいました。それこそが、最大の危機といえるかもしれません。

そこで私は「二十一世紀の海援隊」の必要性を是非提唱したいのです。今日本に必要なのは、技術でも資本でもありません。志をもって大変革を遂げることのできる人物と、それを支える情報です。まさに、情報こそ〝力〟なのです。そこで私は本物の情報を発信するための「総合情報商社」および「出版社」こそ、今の日本に最も必要と気付き、自らそれを興そうと決心したのです。

しかし、私一人の力では微力です。是非皆様の力をお貸しいただき、二十一世紀の日本のために少しでも前進できますようご支援、ご協力をお願い申し上げる次第です。

浅井　隆